JN219377

トランプ報道のフェイクとファクト

立岩陽一郎

かもがわ出版

はじめに

「我々は一日中、金正恩委員長と一緒にいた。彼は大した人物だ。そして我々の関係は強固だ。しかしながら、我々は持っていたいくつかの選択について、何も行使しないことを決めた。今後の展開を見よう。しかし、この2日間は極めて興味深いものだった。建設的な2日だった。しかし時には席を立たなければいけない。今回はその1つだった」

2月27日から2日間にわたってベトナムで開催された2度目の米朝首脳会談の後、アメリカ合衆国（以下、アメリカと表記）のトランプ大統領は記者会見でこう語った。不思議だったのは、米朝首脳会談について語り始める前に、ベネズエラの問題など関係ない外交問題について話し出したことだろう。これは第1回目の米朝会談の時の高揚感とは異なる。意識してか否か、トランプ大統領はあれだけこだわっていた米朝関係を外交政策の1つに格下げしたのかもしれない。

当然、日本の報道はそうは報じない。翌日の各紙の見出しには「合意せず」「合意できず」「合意至らず」と会談が物別れに終わった状況を伝えているが、その内容はトランプ大統領が北朝鮮の求める制裁の解除に応じなかったという点に力点を置いている。本当にそうなのだろうか？

会談前の2月26日に、私は出演している毎日放送の情報番組「ちちんぷいぷい」の編集長に、「アメリカでは既に米朝会談より、トランプ大統領の元顧問弁護士が議会で証言することの方が大きなニュースになっている。トランプ大統領としても、米朝会談より、元弁護士の発言に注視しないといけない状況だ。米朝会談どころではない」と伝えていた。そして結果はほぼその通りになったと言って良い。これこそが、トランプ大統領その人の姿だからだ。

本書で詳述するようにトランプ大統領について考える上で、この大統領に対する冷静な視点を欠いた報道はそれが如何に優れた分析を伴っていたとしても、その根本で崩れ去る。この2年間の日本の報道はその繰り返しだったと言って良い。

その顕著な例として、２０１８年6月2日にシンガポールで開かれた最初の米朝会談をめぐる報道を挙げることが可能だ。この時の報道と、同時に発せられた識者の発言の多くは事実に立脚しておらず、「踊らされている」としか形容できないものだった。「トランプ大統領は北朝鮮の完全な非核化を目指す」、「トランプ大統領は北朝鮮の体制の変更を求める」、「トランプ大統領は拉致問題の解決を北朝鮮に迫る」……etc。

そこには何一つ根拠を明確にした情報は無く、それ故に納得できる分析も見られなかった。そもそも、そうした報道、識者の分析は、トランプ大統領の発言をどこまでフォローしてのものかも疑問だったし、その思いは本書をまとめていく中で、更に大きくなっている。

読者の皆さんの中には本書の内容に反発する人も多いかもしれない。それでも、本書に出てくるトランプ大統領の言葉は読んで欲しい。そして、この大統領が何を考え――多くの場合、深く考えずに――様々な問題に対応していることを認識して欲しい。

本書が出るころには、補章で触れるロシア疑惑の捜査についても大きな進展が見られているかもしれない。それがトランプ大統領にとって良い結果か悪い結果かは、今の段階では判然としない。

ただ、この大統領は、その誕生の直後、否、そもそも選挙戦の最中からそうした疑惑が向けられてきた人物だということは、私たちは知っておいた方が良い。疑惑を抱え、そして深い政策を持たない大統領。それが第45代アメリカ大統領の現実の姿なのだという事実を直視するべきだ。

本書を書くにあたって、トランプ大統領の主要な記者会見の全文をあらためて読み直してみた。それは私の記憶の再確認であるとともに、新たな発見の場でもあった。

例えば、当選後初の記者会見となった２０１７年1月8日の記者会見。ここで、トランプ大統領（当時は次期大統領）は次の様に語っている。

「私は米軍の高官と、ある戦闘機についてやり取りをしている。Ｆ35だ。それをあなた方も知っているだろう。生産スケジュールに遅れが出ており、予算を大幅に上回る支出が生じている」

このＦ35はステルス性能を持つ戦闘機で、後に日本が次期主力戦闘機として購入を決定している。当初の購入機数は42機。それがその後、雪だるま式に増え、１００機を上回る機数になる。そして２０１８年11月の中間選挙後に行われた日米首脳会談で、トランプ大統領は、Ｆ35戦闘機を大量に購入する日本政府を高く評価した。

一方、安倍総理はこの会見で、強固な日米関係が確認できたと強調。その狙いと、トランプ大統領との意識の乖離は明らかだった。トランプ大統領にとって日米安保とは、つまり武器を大量に買ってもらうこと。それが会見を見続けた私の受けた印象だ。

このやり取りには既視感が有るのだ。米朝首脳会談前に急きょ行われた日米首脳会談の時も同じだった。この時、安倍総理はトランプ大統領が拉致問題を北朝鮮に提起すると話したと成果を強調したが、トランプ大統領は日本が大量のアメリカの飛行機を購入すると語っている。

こうした流れから、トランプ大統領は生産コストが当初の予定を大幅に超過し、いわば「金食い虫」となっていた戦闘機の売り手を探していたことがわかる。そして、その売り先として日本に白羽の矢を当てたことも。

そこにトランプ大統領の本音が容易に見えるわけだが、不思議なことに、こうした報道は日本ではオブラートに包んだように薄められてしまう。米朝首脳会談前の会談について言えば、報道は拉致問題についてトランプ大統領が北朝鮮に提起するという点に集中した。そして、安倍総理の主張する日米の結束だけが人々に伝えられる。

日米首脳の直接会談にしろ電話での会談にしろ、当然の様に日本政府の発表がニュースのメインとなり、その内容は「日米関係の結束を確認した」とか、「拉致問題を米が北朝鮮に提起」などの内容で埋め尽くされる。

ところが、現実にはトランプ大統領は必ずしも安倍政権の思惑のように動いてくれてはいない。鉄鋼関税の発動の際に日本側が求めていた除外対象国にしなかったことはいくつかの事例の一部でしかない。首脳同士の関係が良いのは間違いない。趣味のゴルフには一緒に興じるし、ご自慢の別荘で一緒に時を過ごす。しかしは特に日本を特別扱いにしてくれているわけではない。

興味深いことがある。私がそうしたトランプ大統領の対応についてテレビやラジオで話すと、強く反発する人々がいる。安倍総理の支持者だ。「それは嘘だ」「間違った分析だ」と非難してくる。そこに極めていびつな日米関係を見る気がする。

２０１６年12月末にそれまで25年余り務めてきたＮＨＫを辞めた私は、アメリカに飛んだ。そして現地時間の２０１７年１月１日から半年余り、アメリカを見続けた。２０１０年から２０１１年に続き二度目のアメリカ滞在だったが、それは以前私が見たアメリカではなかった。暴言、放言を繰り返す大統領。その大統領を支持する人々と批判する人々の行進。社会が分断され、その断絶の幅が広がっていくのを感じた。

それは例えるなら、「不思議な国」に迷い込んだアリスの様な感じだった。一体ここは、我々が教わった民主主義の国、そして私が見聞きしてきたアメリカなのだろうか。

ところが、更にその思いを強くしたのは、実は帰国後の日本のメディアの報道に接してからだった。

どこかおかしい。一言で言うと、そうなる。

言うまでもなくアメリカは日本にとって最も重要な外国であり、それだけにアメリカについて報じるメディアは多い。例えば、古巣のＮＨＫで言えば、ワシントンＤＣ、ニューヨーク、ロサンゼルスに支局があり、手厚い取材体制をとっている。新聞、通信、民放各社も同様だ。

確かに、報道量は多い。しかし、それらの報道に接する私には、アメリカにいた時より更に「アリス」になったような気になる。端的に言おう。日本のメディアの報道は、トランプ政権について、この大統領について、必ずしも事実を伝えていないということだ。

本書では、現地で報じられているものの、日本ではあまり報じられていない事実を整理する。更になぜそうなるのかを考えて、日本の報道の問題を掘り下げたい。

本書で解説を加えてくれているのは主に以下の人々だ。

【実名】

・アメリカン大学　チャールズ・ルイス教授

元CBSテレビのプロデューサーで、パナマ文書で知られるICIJ（国際調査報道ジャーナリスト連合）の創設者。アメリカの調査報道における代表的な存在。

・ワシントン・ポスト紙　ロバート・バーンズ上級記者

記者歴40年超のベテラン。ワシントン・ポスト紙で首都圏（日本の社会部）、政治担当デスクなどを経験。オバマ政権の誕生時に政治担当デスクとして取材、紙面を仕切った。現在は上級記者として最高裁判所を担当。ボブ・ウッドワード記者と並ぶ定年の無いジャーナリスト。

・マザージョーンズ誌ワシントン支局　デビッド・コーン支局長

40年以上にわたって政界の裏を取材してきた特ダネ記者として知られる。トランプ大統領がロシアに秘密を握られているとする報告書の存在を最初に報じた。同誌はトランプ大統領の疑惑の報道で２０１７年の全米雑誌大賞を受賞。現在、米メディアでトランプ大統領の疑惑についてコメントを求められる存在。

・マザージョーンズ誌ワシントン支局　ラス・チョーマ記者

マザージョーンズ誌でトランプ大統領の疑惑を取材する調査報道記者。

・山中眞人弁護士

企業の国際間取引に詳しく、日本に加えて、ニューヨークとワシントンＤＣでの弁護士資格も持つ。

・ＷＡＭＵラジオ　アルマンド・トルール記者

公共放送ＮＰＲ傘下のワシントンＤＣのローカルラジオ局の記者。自身もキューバ移民二世で、スペイン語を駆使して移民問題を30年以上にわたって取材。ＮＰＲで報じた移民問題でエミー賞を受賞。

【匿名】

・ＮＰＲデスク

ＮＰＲはアメリカの公共放送ラジオ。アメリカ人の多くは出勤時にこの局のニュースで世の中の動きを確認すると言われる。このＮＰＲデスクは、ＮＨＫ時代からの長年の友人で、ワシントンでの官庁取材を経て現在は番組のプロデューサー及びニュースデスクを務める。ＮＰＲの許可が得られておらず匿名とした。

・国務省ＯＢ

アジア各国での勤務経験の長いアメリカの元外交官。現在は企業のコンサルタントを務める。現在のビジネスに支障が出るため匿名とした。

もくじ●トランプ報道のフェイクとファクト

はじめに　1

第一章　トランプ政権下のアメリカ……13
第一節　中間選挙が意味するものは何か　15
第二節　アメリカ社会の分断　34
第三節　大統領VSメディア　47

第二章　日本の国際報道がゆがむ理由と構造……61
第一節　トランプ大統領を過信する日本　62
第二節　根拠を示さない日本の報道　68
第三節　トランプ大統領は北朝鮮に強硬的なのか　74
第四節　核心が伝えられない日本のトランプ報道　81
第五節　何が日本の国際報道をゆがめるのか　89

第三章　トランプ政権に「政策」は有るのか？……103
第一節　２０１７年１月　104
第二節　２０１７年２月　108
第三節　２０１７年３月　114
第四節　２０１７年４月　122
第五節　就任１００日以後　133
第六節　就任２年目　138
第七節　壁　147

補章　ロシアゲートとは何か？……155
第一節　就任前から疑問視されていたロシアとの関係　156
第二節　ロシア疑惑とロシアゲート　159
第三節　ＦＢＩvs大統領　168
第四節　特別検察官ロバート・モラー　179
第五節　大統領と利益相反　201

おわりに　217

第一章
トランプ政権下のアメリカ

The Divided States of America という言葉がある。合衆国（The United States）をもじった造語なのは間違いない。「アメリカ分州国」とでも訳すのだろうか。アメリカの今の分断を象徴する言葉として使われるもので、トランプ政権になっていろいろな場で耳にするようになった。

ただ、この言葉自体は実はオバマ政権時代から使われていたそうだ。つまり分断はトランプ大統領によって始められたものではないということらしい。

一方で、トランプ大統領が分断を加速させていることも間違いない。トランプ政権発足から半年ほど経った２０１７年６月、私が客員研究員として過ごしていたアメリカン大学で、複数のバナナが吊るされる事件が起きた。これは白人至上主義者が黒人をリンチすることを示す行為だ。監視カメラには白人の中年男性が夜間にバナナを持って歩く姿が映っていた。この大学の学生リーダーが黒人の女性で、厳しくトランプ大統領を批判していたことに対する悪質な脅迫行為と見られた。大学の同僚も、「過去にこんなことは無かった」と動揺していた。

分断は加速している。そして、分断は白人vs非白人というわかりやすい構図でもない。より複雑に、より修復困難な形で分断は進んでいる。この章では、中間選挙やメディアとトランプ大統領の対立などから、日本では報じられない分断の状況を見ていきたい。

第一節　中間選挙が意味するものは何か

２０１９年11月６日、アメリカで中華選挙が行われた。

この選挙はトランプ大統領就任後の２年間についてアメリカ人がどう評価したかが問われた選挙だというのが日本での選挙の紹介だ。これはアメリカでも同じだし、私自身が現地で取材しての印象も同じだ。

一方で、その結果についての評価はどうだろうか？　選挙結果をどう見たら良いのだろうか？　安倍総理はトランプ大統領の「歴史的な勝利」とした。これをそのまま信じる日本のメディアはいないだろうが、一方で、上下両院のねじれに注目する記事が多かったのも事実だ。日本でもよく目にする「ねじれ国会」という言葉が念頭にあるのだろう。では、アメリカのジャーナリストはこの結果をどう見ているのだろうか。

●「トランプ大統領は中間選挙の結果など気にしていません」

「トランプ大統領は中間選挙の結果など気にしていません。中間選挙で大統領の側が勝利するケースは稀ですから」

ある日本のテレビ番組に出演した時のことだ。国際政治学者がそう語っていた。米朝首脳会談前のことで、トランプ大統領の狙いがどこにあるのかを議論していた。その学者の説では、トランプ大統領は明確な目的をもって政策を遂行しており、中間選挙などといった目先の勝利を考えて行動しているわけではない……とのことだった。

違和感の有る解説だったが、敢えて口は挟まなかった。しかし私は内心、「それは大きな間違いだ」とつぶやいていた。

この学者の説明が事実ではないことは間を置かずに明らかになる。選挙が近づくにつれてトランプ大統領のツイートの内容が共和党への投票の呼びかけでしめられるようになったからだ。

これは日本の特に国際政治や外交問題の研究者に顕著な点だと思われるが、例えばトランプ大統領について見る場合、日米関係や米中関係、或いは米朝関係といった二国間のやり取りのみに関心が行く。そのトランプ大統領自身が抱えている問題やアメリカ国内の社会問題への視点が欠落するか、極めて限定的にしか考慮されない。

仮に、「トランプ大統領は中間選挙の結果など気にしていません」と発言するのであれば、この大統領が後述するようにロシア疑惑を抱えており、自身もその捜査の対象となっているという事実を踏まえた上での考察でなければいけない。

特別検察官の捜査次第では議会下院は大統領弾劾の手続きに入る。そして上院の判断によっては、大統領はその地位を去らねばならなくなる。それでも、「トランプ大統領は中間選挙の結果など気にしていません」などと言うなら、それは意図的に虚偽の情報を流すフェイクニュースに近い。

●中間選挙取材で渡米

ここで選挙前のアメリカ議会の勢力図を見ておきたい。中間選挙前の時点では、下院議員435人のうち、共和党が235人、民主党が193人となっていた（欠員7人）。上院は定数100に対して、共和党50、民主党49だ（欠員1）。ここで注目されるのは、全員が改選された下院だ。下院は弾劾手続きに入るか否かを決める権限を持つ。

仮に民主党が中間選挙の結果、下院で過半数を制し、更に特別検察官がトランプ大統領の疑惑を議会に提出するとなれば、下院は弾劾の手続きに入る可能性が高いと思われていた。

私はその状況を見ようと、2018年11月2日に渡米した。そして伝統的に民主党が強いニューヨーク州に入った後、次には伝統的に共和党の強いジョージア州に行き、続いてその時々で票が激しく動く（スウィングステートと呼ばれる）フロリダ州、そして政治の中心地ワシントンDCをまわった。

ニューヨークでは、コロンビア大学で客員研究員を務める池純一郎氏と会った。NHK時代の同僚だった池氏は、NHKを退職して渡米し、トランプ政権下のアメリカ社会の分断をテーマに研究を続けている。興味深いエピソードを語ってくれた。

「ニューヨークはトランプ嫌いが多いと、最初、私も思っていたんです。特に、コロンビア大学の様なリベラルな学風のところでは。ところが、実際にはそうでもないんですよ。例えば、コロンビア大学にニューヨーク・タイムズ紙のデスクなどが呼ばれて、そこでトランプ政権を批判するような発言をすると、『じゃあ、お前は今のアメリカの景気をどう説明するんだ？』と、かなり厳しい指摘を受けるんですよ」

そうした発言が公衆の面前でも出るということから言えば、選挙時に言われた「隠れトランプ」とも違う動きが始まっているのかもしれない。ただ、面と向かって実名で取材に応じてそういう発言をするかと言ったら、池氏の印象では、それは無いということだった。実際に私が日本からのジャーナリストだと名乗ってニューヨークの人々に話を聞いた限りでは、「トランプを支持している」と答えた人はいなかった。ただし、民主党と共和党のどちらの候補に入れるかという問いには、「そういう問いには答えたくない」と返事をした人が多かった。

確かに、「投票の秘密は、これを侵してはならない」とは、民主主義社会の鉄則の1つだろう。だから答えない人が多いことは健全なことは間違いない。

結果を待つしかない。そう思いつつ、次の取材地であるジョージア州へ飛んだ。そこはニューヨーク州とは全く違う状況だった。

●強固なトランプ支持層はどうなっているのか

「トランプ大統領の支持に変わりはない。大統領として、しっかりと仕事をしてくれていると思う」

ジョージア州アトランタの郊外で、デール・バーク氏はそう話した。伝統的な保守の牙城であるジョージア州は、共和党支持の州として知られる。トランプ大統領の支持者も多い。中間選挙直前の5日、トランプ大統領を支持する一般の人々の生の声を聞こうと彼の自宅を訪ねた。

バーク氏は2016年の大統領選挙でもトランプ氏に投票した。その直後に取材をしており、これは二度目の取材となる。トランプ支持の気持ちに変化は無いという。トランプ大統領の何を支持するのだろうか？

「全般的に支持していますが、敢えて挙げるなら通商政策。各国との通商関係を見直すというトランプ大統領の政策は正しいと思います。アメリカは多くの点で他国に譲歩してきたが、それは公平ではないと思う」

疑問に思ったのは、彼が、メキシコで製造した瓶をアメリカに輸入してコカ・コーラなどに供給している会社の現地マネージャーだからだった。メキシコ、カナダ、アメリカの間から関税などの障壁を撤廃するＮＡＦＴＡ（北米自由貿易協定）は彼の仕事にとって悪いものではない。トランプ大統領は既にこの自由貿易を撤廃する政策を打ち出している。

「ＮＡＦＴＡを無くそうとするトランプ大統領の政策は、あなたのビジネスにとってマイナスなのではないか？」

そう尋ねると、少し困惑した表情を浮かべたが、次の様に話した。

「多少、不安は有る。しかし、そうならないことを祈っている」

もう少し食い下がってみると、「多少、ビジネスに影響が出ても、トランプ大統領を支持する考えに変わりはない」と話した。

バーク氏も既に投票を済ませていると話した。そして、次のように語った。

「今回の選挙は、かつてない盛り上がりだと感じる」

●変化はあるのか？

一方で、こうしたトランプ支持者の多い地域でも、一部だが「トランプを支持したが、それは間違いだった」と話す人も出てきているようだ。

ソフトウェアの開発会社で技術者を務めるローニー・クリスト氏は苦り切った表情で語った。

「トランプ支持者に共通するのは、事実を無視する点でしょう」

そして続けた。

「話しているうちに、トランプ大統領の言っていることは辻褄が合わなくなると感じる時があるが、『まぁいい。トランプ大統領が間違っているわけない』と結論づけてしまう」

それを聞いた時、通商政策に関するバーク氏の多少戸惑った返答を思い出した。

クリスト氏は、「自分はリベラルではない。どちらかと言うと保守だ」と話した。支持政党は決めていないが、共和党を支持することが多い。しかし今回は共和党には投票しないと話した。

「それがトランプを支持することにつながるからだ」

クリスト氏もバーク氏同様に、アトランタ市郊外に住んでいる。周辺は基本的に白人社会だ。

クリスト氏は、「近所の誰とも、政治の話はできないよ」と話した。

トランプ批判などしたら、この地に住めなくなる……そんな雰囲気が既にできているのだという。

●中間選挙とファクトチェック

アメリカの州は選挙の視点で見ると、大きく3つに分けられることが知られている。民主党支持のブルーステート、共和党支持のレッドステート、そして色分けが無いスウィングステート。

ニューヨークはブルーステートで、ジョージアはレッドステートだ。青が民主党のシンボルカラーで、赤が共和党のシンボルカラーというところから来る。一方、スウィングステートとは、選挙によって強い政党が変わるところから来る。揺れる（スウィング）ということだ。

ジョージアの次に向かったのは代表的なスウィングステートとされるフロリダだ。

フロリダのタンパに降り立ったのが選挙前日の11月5日の夕方。知り合いのジャーナリストが空港に迎えに来てくれていた。

ファクトチェックを専門とするメディア「ポリティファクト（Politi Fact）」のアーロン・シャロックマン事務局長。ファクトチェックとは後述するように、政治家などの公人の発言やネット上の情報について真偽を検証する取り組みであり、ポリティファクトはその代表的な存在だ。

ファクトチェックという言葉を知らなくても、フェイクニュースという言葉を知っている人は多いだろう。フェイクニュースはファクトチェックによって明らかになることが多い。

日本でも２０１８年の沖縄県知事選挙でフェイクニュースが拡散したことが報じられている。２０１６年の米大統領選挙でも、「ローマ法王がトランプ氏を支持」といったフェイクニュースが拡散され、少なからず有権者の投票行動に影響を与えたと考えられている。

ポリティファクトは、２００７年の大統領選挙時から活動を開始し、以来、主に政治家の発するフェイクニュースを監視し続けている。

今回の中間選挙では、どうなのだろうか？　シャロックマン氏は次の様に話した。

「今回の選挙では、２０１６年の大統領選挙の時の様な完全な嘘偽りを流布させるという形でのフェイクニュースは見られなかった。ただ、相手候補を中傷するための過剰な表現や、掲げる政策を正当化するために都合の良い情報を使うといったものはかなりの数にのぼった」

下院選挙、上院選挙 、州知事選挙での候補者の発言に加えてトランプ大統領の発言と、全部で375件についてファクトチェックを行ったという。その全てが全くのフェイクニュースというわけではなく、「半分事実ではない」などが多かったとのことだ。

●フェイクニュースとは何か

ここでシャロックマン氏が言うフェイクニュースの言葉の定義について書いておく。日本では事実と異なる言説は全てフェイクニュースと理解されているが、ここは区別が必要だ。

単なる事実誤認はフェイクニュースではない。フェイクニュースとは、事実ではない内容をある意図をもって流すという一種の情報操作のことだからだ。その意図とは、政敵をおとしめるということも有るだろうし、ネット上で流すことで資金を稼ぐということもある。

シャロックマン氏が言う「相手候補を中傷するための過剰な表現や、掲げる政策を正当化するために都合の良い情報を使う」ことは、フェイクニュースではない。ただ、今回の選挙では、フェイクニュースは見られなかったというものの、事実と異なる内容のものが多々見られたという。特に、トランプ大統領に目立ったという。

「トランプ大統領は、中南米からのアメリカを目指すキャラバンについて、その中に中東からのテロリストが含まれていると言ったり、事実と異なる発言は相変わらず多かったという印象だ」

もっとも、候補者の発言の中にも、移民の恐怖を流布するようなものは多く見られたという。そうした情報の中では、相手の候補者について、「アメリカの国益を守らない」と批判する流れになっていたという。

また「誇張」も多かったという。例えば、ミネソタ州では民主党の候補者について「18の容疑がかけられ人生のほとんどで法律から逃れてきた」と中傷する広告が出たが、その容疑の多くは道交法違反などの微罪だったという。カンザス州では、共和党の候補が会社を建て直したと主張した際に、民主党の候補が嘘だときめつけたが、共和党候補の主張は事実だった。

民主党候補に対する社会主義者、或いは共産主義者のレッテル貼りも目立ったという。

「ここフロリダ州では、上院の共和党の候補が、民主党の候補を『社会主義者』と批判していた。この国の二大政党制で、社会主義者が上院の候補になることはあり得ない話なのですが」

相手候補を、軍に批判的だと非難する発言も目立ったという。軍人に対して敬意を払うことが当然のこととされるアメリカでは、候補者を攻撃する手段として、「軍への敬意が無い」とか、「軍役に虚偽の報告をしている」といった情報が利用されるのだという。

シャロックマン氏は、こうした状況は簡単には無くならないが、事実を確認する作業を続けるしかないと話した。

「ネット時代の今はフェイクニュースは簡単に作られ拡散していく。反対に、それをチェックする作業は人手もかかり大変だ。それでも、2007年に我々がファクトチェックを始めた時は、『なんだ、それは？』と言われたが、今は多くの有権者がファクトチェックを理解しているし、その必要性を認めている。今回の選挙で、大統領選挙時のようなフェイクニュースが無かったことに安堵している。努力を続けるしかない」

選挙当日は、タンパ市内の投票所をのぞいてみた。午前7時から午後7時までの投票時間だという。午前8時に行ったところ、既に投票する人の列ができていた。その周辺で、それぞれの候補の支援者が投票を呼び掛けている。市内の交通も渋滞しているという。

民主党への指示を呼び掛けていた年配の女性は、「こんなに盛り上がりを見せる中間選挙は無いわ」と話していた。

スタンドで地元紙を買った。一面に大きく、「It's Now or Never」と書かれていた。「いつやるの？今でしょう」といった感じだろうか。

日付が変わった11月7日の午前1時から、筆者がコメンテーターを務める毎日放送の情報番組「ちちんぷいぷい」と中継をつないで、これまでに無い盛り上がりだと語る人々の声や投票所の様子などを伝えた。

●米ジャーナリストは中間選挙をどう見るのか

選挙翌日の11月7日はワシントンＤＣに飛んだ。

既に、トランプ大統領は勝利宣言をしていた。中間選挙の結果を見てみたい。

上院は共和党が議席を2つ伸ばして53となり、過半数を維持した。民主党は47だった。議席を伸ばしているのでトランプ大統領が勝利宣言をしたのも理解できなくはない。ただし、上院は全員が改選ではなかった点にも留意する必要がある。改選議席は35議席で、そのうち民主党議員が26、共和党議員が9だった。つまり最初から上院については、民主党が不利な状況だったことになる。

上院で共和党が過半数を制したという点において、トランプ大統領は負けなかった。しかしもともと民主党議員の改選が多かった状況を考えると、その勝利は大きくはない。当然ながら「歴史的な勝利」などと言えるものではない。

一方、下院はどうだろうか。ここでは民主党が順当に議席数を伸ばした。40議席伸ばして235議席となり過半数を奪還。共和党は199議席となった。ただし民主党の勝利も、予想を上回るということはない。そういう意味では、圧勝と言うわけではない。

さて、この選挙結果をどう見たら良いのか。日本では、上院が共和党、下院が民主党で多数派をとった「ねじれ」がニュースの見出しになっているようだ。では、アメリカのジャーナリストはどう見ているのだろうか。

ホワイトハウス近くにあるマザージョーンズ誌のワシントン支局を訪ねた。ロシア疑惑の端緒をかなり早い段階で報じていたこのオンライン・メディアは、トランプ大統領を追及する報道で2017年の全米雑誌大賞を受賞している。

その陣頭指揮に立つワシントン支局のデビッド・コーン支局長は、40年余りにわたってワシントンの政界を取材してきた。しかし、日本の政治記者に多い、いわゆる「番記者」、「政治屋記者」ではない。調査報道で政界に切り込むジャーナリストだ。

コーン氏は今回の選挙結果はトランプ大統領にとって厳しいものだと語った。まして、「勝利宣言」などお笑いだと話した。しかし、それは、上院と下院とで「ねじれ」が起きているという日本のメディアの評価とも違った。

「今度の選挙で下院の委員会は民主党がおさえることになった。下院は、行政府に対して、トランプとその一族に関わる疑惑について関係書類の提出を求めることができる。また、関係者の証人喚問もできる。それはもう、これまでのような『お願いベース』ではない。委員会から指示が出せる。これは大きい」

次の記事で、民主党が提出すべきトランプ大統領に関する質問を書くという。

「トランプ大統領が開示を拒んでいる税務書類については開示を求めなければいけない。これを財務省が拒否することは可能だが、議会の攻勢は強まるだろう」

因みにこの税務書類については、ロシア疑惑の章で説明するが、「Tax Return」と呼ばれるもので、歴代大統領はこの書類を開示してきた。しかしトランプ大統領は開示に応じる姿勢を示していない。コーン氏らマザージョーンズ誌は早くからこの税務書類に問題が有ると見て取材を進めてきている。

整理しよう。つまり2019年初めの議会から下院がトランプ大統領に対して戦闘モードに入るということだ。そのターゲットはまさにロシア疑惑ということになる。

前述した通り、下院で民主党が過半数をとったことで、弾劾の手続きに入ることは可能になった。その点についてはコーン氏はいささか否定的だった。

「上院で共和党が勢力を維持している以上、弾劾の手続きに入っても弾劾には至らないだろう。だから、弾劾の手続きに入ることはしないだろうと思う。むしろ、下院がその権限を使って調査を進める方がトランプを追い込むことはできるだろう」

●トランプとこれまでの大統領との違い

翌日、ワシントン・ポスト社を訪ねた。ロバート・バーンズ記者に会うためだ。マザージョーンズ誌のコーン支局長同様、バーンズ記者も取材経験が40年余りになる。ワシントンでの取材も30年を超す。

アメリカのメディアで羨ましいのは、こうしたベテランの記者が一線で活躍していることだ。バーンズ記者は65歳。定年は無いということで、「好きなだけいてもらって良いと言われている」ということだ。

バーンズ記者は、ワシントン・ポスト紙の記者として、この国の社会、政治を見続けてきた。オバマ大統領時代には政治担当のデスクだった。今は本人の希望で、記者として現場に復帰している。

常に冷静な姿勢を崩さないバーンズ記者は、トランプ大統領の就任直後の2017年2月に話をきいた際、「大統領が交代する時はいつも多少の混乱が有るものだ」と話し、トランプ政権に一定の理解を示していた。しかし、それから2年が経って、バーンズ記者の見方は厳しいものになっていた。

「この政権はやはり異常です。特に、国民の間に分断を煽っている点が問題でしょう。大統領は支持者だけの大統領ではない。その点で、この政権はこれまでのどの政権とも異なると感じています」

バーンズ記者も、中間選挙後の議会との対立は避けられないとの見方を示した。

「懸念されるのは、民主党の中に大統領への敬意が全く失われてしまっていることです。それは、トランプ支持者以外のアメリカ国民の姿なのかもしれません。ですから、その対立はかなり激しいものとなるでしょう」

過去の政権では、少なくともどのような立場の人間でも、大統領には一定の敬意を示していたとバーンズ記者は話した。

「そこには互いに相手への敬意が有ったと思います。オバマ大統領も、共和党議員や共和党支持者を侮辱するような発言はしていません。議論は戦わせても、互いに敬意をもって接する。そういうアメリカの民主主義が失われつつ有るような気がします」

大統領制度の問題についての著書が多数あるアメリカン大学のチャールズ・ルイス教授は、選挙直後にジェフ・セッションズ司法長官を解任したトランプ大統領の対応に注目した。そして、アメリカ史に残る過去の事件との類似性を語った。

「状況がウォーターゲート事件の時に似てきました」

１９７４年にニクソン大統領が辞任したきっかけとなったウォーターゲート事件だ。この時、当時のニクソン大統領は、司法長官と、事件を捜査していた独立検察官（今回の特別検察官とは異なる）を解任している。

「捜査の責任者を解任して更に司法長官を解任する。こうしたことが、大統領の辞任につながった過去を思い知るべきです」

そしてこう加えた。

「ニクソンは多くの批判を受けて辞任しましたが、彼には政策が有った……勿論、その是非はともかくですが。しかしトランプ大統領には政策が有るのか？　それも疑わしい」

今後のトランプ政権の政策は、保身のためのものになると断じた。

「大統領に対する捜査に加えて、下院でも大統領の疑惑への調査が始まります。トランプ大統領の頭からは、常にこのことが離れないでしょう。つまり、大統領は他のどの政策よりも自分を守ることに力を注ぐことになる。そういう政権の政策が何をもたらすのか。懸念せざるを得ません」

そしてルイスは、「America First」ではなく、「Me First」になるだろうと言った。「アメリカ第一主義」ではなく、「オレサマ第一主義」ということだ。それが今後のトランプの政策になるという。

1974年、ニクソン大統領は、議会が弾劾の手続きに入る構えを見せた段階で潔く大統領職を離れた。

「トランプ大統領にもそれを期待したい。これ以上、アメリカと世界を混乱させるのはやめてもらいたい」

共和党支持者の家庭で育ったルイス教授は厳しい表情でそう言った。

第二節　アメリカ社会の分断

ここで時計の針をトランプ大統領の誕生前に戻す。激しい言葉でアメリカ社会の分断を加速させるトランプ大統領。その動きは、大統領就任前から顕在化していた。

●就任式前の前夜祭

就任式前日の２０１７年1月19日、ワシントンＤＣの中心部で恒例の前夜祭が開かれた。午後4時、「Make America Great Again（アメリカを再び偉大に）」というトランプ氏の選挙スローガンがいたるところに掲げられたリンカーンメモリアルの前の広場で、前夜祭は始まった。周辺をフェンスで囲んだ敷地には手荷物検査を受けた人々が集まり、国歌斉唱や軍の行進曲など陸軍音楽隊の演奏でイベントは始まった。会場にはトランプ氏も訪れ、ミュージシャンの演奏や歌に聞き入った。

壇上に立った俳優のジョン・ボイド氏は、「みなさんも、この長い選挙戦での根も葉もないトランプ氏への中傷に嫌気がさしているでしょう」と、一連のトランプ氏に対するマスコミの報道を批判。そこに集まった人々が大きな歓声で応えていた。

しかしこの前夜祭、やはり異様だった。トランプ氏を応援する若者やトランプ支持が書かれた赤い帽子を被った老夫婦など見渡す限り白人で、黒人やヒスパニック、アジア系といった人々は数えるほどだった。

集まった白人の人々に話をきいた。コネチカット州から来たというアンドレア・ティーソン氏は、「勿論、トランプ氏の当選を祝うために来たわよ。私たちは彼を信じているわ」と話した。「白人ばかりだが？」と水を向けると、「そうかしら」と関心無さそうに答えた。

ジョージアから来たという大学生の男女の集団がいたので話をきいた。トランプ氏は自らの正当性に疑問を呈したジョージア州選出のジョン・ルイス議員をツイッターで揶揄した際に、ジョージア州についてもひどい場所だと中傷している。大学2年生のジェームズ・バーク氏は、「まったく気にしていない。トランプ氏はルイス議員の発言に腹を立てただけで、別にジョージア州を非難しようとしたわけじゃない。そんなことより、彼への期待の方が大きい」と話した。

見渡す限り白人という光景は、首都ワシントンでは極めて珍しい。普通の生活をしていて、様々な人種が混じった光景しか目にしないからだ。様々なバックグラウンドを持った人々が混在することからサラダボウルと呼ばれることもあったアメリカ社会。そこから切り取った様に白人だけが集まる周囲。そこに見たのは明らかに、この国が今後向き合わねばならない姿なのだと感じた。

現場の警備にあたっていた警察官に来場者は何人になるのかと尋ねると、「数えられないが、8年前とは比べ物にならない。8年前はこの数倍は来ていたから」と話した。

8年前とはオバマ大統領の最初の就任式のことだ。その時のイベントは、白人だけの集まりではなかった筈だ。黒人を奴隷制度から解放したことで知られるリンカーン大統領の像の前で、まさか白人による白人のための行事が開かれるとは、リンカーン大統領も複雑な心境なのではないかと思った。

壇上に上がったトランプ氏は、「アメリカを再び偉大な国にするという我々のスローガンが指すアメリカとは、全てのアメリカ人を含んでいる」と統合の重要性を呼びかけた。しかしそれがトランプ氏の言うような「全てのアメリカ人」に届いたとは、とても思えなかった。

●大量の出席ボイコットがあった就任式

その翌1月20日に、就任式が開かれ、第45代米大統領にトランプ氏が就任した。ところが、ここでも分断を象徴する出来事が起きている。

この式典への出席を民主党議員多数がボイコットしたのだ。分断は就任の最初から始まっていたのだ。

ボイコットの動きは、トランプ氏が民主党のベテラン黒人議員、先ほど名前が出たジョン・ルイス氏を揶揄したことに端を発する。ルイス議員は人種差別と闘った公民権運動の象徴的な存在。NBCテレビのインタビューに対して、トランプ氏の大統領としての正当性に疑問を呈し、就任式への出席を見送ることを表明。

これに対してトランプ氏がツイートで、「ルイス議員はしゃべるだけ。ひどい状態にある自分の州を何とかすべき」などとルイス議員と地元のジョージア州を揶揄したため、黒人を中心に怒りが一気に噴き出した状況だ。

ジョージア州を犯罪の巣窟のように語ったことが事実に基づかない批判を繰り返すトランプ氏のイメージを更に印象付ける結果となっており、州最大の新聞が一面で「How dare you（なんて奴だ！）」と次期大統領を批判する事態にもなっている。

政権移行チームはルイス議員や民主党議員に対して就任式への参加を呼び掛けたが、ルイス議員はその後に姿を見せた公式の場で、「我々は立ちあがる必要のある時には立ち上がり、声を出さなければいけない」と語るなど、呼び掛けに応じない姿勢を示した。

就任式への議員のボイコットが過去に無いわけではない。記録されているのは、ウォーターゲート事件でその正当性に疑問が呈されていたニクソン大統領の1973年の二期目の就任式。その時、民主党議員に大量のボイコットが出たという。ニクソン大統領はその後、間もなく退陣している。

●分断を象徴した就任式

2017年1月20日、私は就任式の会場近くで、はるか先で行われようとしている式典を見つめていた。

式典そのものは、連邦議会の西側バルコニーで行われる。私は当然、その近くには行けない。バルコニーに続く芝生の広場、ナショナル・モールと呼ばれる場所が私の立っている場所だ。そこに全米から人が集まる。オバマ大統領の2009年の就任式には180万人が集まったと言われている。

もっとも、この数字は主催者発表と言うわけではない。当日のホテルの予約状況や公共交通機関の状況からワシントンDCの警察が推計値として出した数字だ。今回の式典については、「多くても90万人程度」と予測していたが、実は、この数字には就任式の翌日に行われる予定のトランプ大統領に反対する「ウーメンズ・マーチ」の参加者も含まれている。

普段は誰でも入れるナショナル・モールだが、この日はフェンスで仕切られ、その中に入るのに手荷物検査を受けた。午前6時から並んで敷地の中に入れたのは午前8時だったので、2時間ほど並んでいたことになる。開始まで1時間半。遠くのバルコニーには、既に関係者が集まっているが、当然、私のところからは個人を確認することはできない。そのかわり、いたるところに大型スクリーンが設置されており、その映像でバルコニーの様子がわかるようになっていた。

やがて軍楽隊による演奏が始まった。しかしこの段階でも私の周囲は閑散としていた。目立つのは、世界各国のメディア関係者だ。至る所で人々にインタビューを繰り返している。

こんな光景も目にした。

ＦＯＸニュースの中継班のキャスターとディレクターが、トランプ支持の帽子をかぶった人たちを集めている。できるだけ近くに来てくれ、と。ＦＯＸニュースはトランプ支持を打ち出しているテレビ局だ。

スタジオの指示を受けたであろうディレクターが合図すると、キャスターがインタビューを始めた。

「朝早くから大勢の愛国者たちが寒い中、新たな大統領が誕生する瞬間を待ちわびています。あなたはどちらから来たの?」

新大統領誕生への熱い思いを語る参加者達。この時、ディレクターから合図が出た。と同時に、「USA! USA! USA!」の合唱が始まった。

やがてディレクターが手を下げた。「お疲れさま」という意味だ。と同時に連呼は終わった。そして支持者は散っていった。辺りはまた閑散とした状態に戻った。

中継を見た人は、就任式が凄い盛り上がりを見せていると思うだろう。しかし実際にはその場は閑散としていて、集められた30人ばかりが盛り上がって見せていただけのことだ。

残念ながら、ニュースは、このように時に事実と違った内容で作られていく。

あらためて周囲を見渡すと、前日と同じ異様さに気が付いた。白人しかいないのだ。それも、都会に住むような雰囲気の白人ではない。集まった人に話をきいてみた。

●就任式に集まった人々

ティム・ベイリーさん、55歳。北東部のペンシルバニア州で車などの修理を手掛けているという。

「トランプには期待をしているよ。何をって？　そりゃ雇用だよ。仕事がない。彼なら仕事をもってきてくれるさ」

アトランタ州のベンジャミン・ハントさんはトランプ支持を示すタオルのようなものを肩から掛けていた。私と同じ年齢の49歳だった。高校の社会科教師だそうだ。

ハントさんも「やっぱり仕事だ」と言う。

「経済を良くしてほしいというのは私だけじゃなく、誰もが思っていることなんじゃないかな。あとは中東問題。テロにどう対処するか、選挙中に言っていたようにしっかりやってもらいたい」

仕事、雇用、経済。話を聞いた多くの人は、そのいずれかの単語を口にした。外交や安全保障について期待を語る人は皆無だった。

バージニア州のターナー夫妻。夫のジェフさんは30歳で、建設関係の仕事に就いている。やはり、トランプ支持の帽子をかぶっていた。

「トランプを好きか嫌いかと言ったら好きじゃない。人間が良いとも思わない。でも、彼は政治家じゃない。政治家は業界にまみれていて、もう信用できないんだ。結局、規制緩和なんてできないし。政治家じゃないトランプならやってくれる。彼じゃなければできないと思う」

妻のレイチェルさんは26歳だ。女性にトランプ氏はどう映るのか。

「女性の味方とは言い切れない。けど、じゃあ、ヒラリーは女性の味方？　それは違う。（トランプ氏には不倫の醜聞もあるが）奥さんへの裏切りなんて、ケネディーだってクリントンだってみんなそうじゃない？　そういうことより、彼が大統領として何をするかだと思う」

広場には、トランプ氏の大統領就任に反対の人々も散見された。そうした人たちは言葉をほとんど発せず、紙に反対の意思を書いている。

「取材に応じたくない」と言う反対派が多い中、1人が口を開いてくれた。五大湖を抱えるミシガン州から来たロス・アルーレッドさん、67歳。音楽の元教員だ。紙には「選挙の無効と大統領の交代」と書き、トランプ氏の名前を横線で消している。

「彼は大統領になるべき正当性を何一つ持っていない。選挙をやり直すべきだ。人種差別的な思想や、報道の自由に関する発言はこの国の精神を踏みにじっている」

就任式で反対を表明するのはかなり勇気の要る行為の様にも思えるが？

「別に怖くないね。私と同じ考えの人は多い。ここにはいなくても、会場の外にはたくさんいる」

午前10時が近づくと、大スクリーンはホワイトハウスを出るトランプ氏の姿を流し始めた。人がまばらだった広場に支持者らが集まってくる。やがて、連邦議会の西側バルコニーに歴代大統領らが姿を見せ始めた。スクリーンがその1人1人を映していく。

激しいブーイングが起きたのは、ヒラリー・クリントン氏の姿が映し出された時だ。民主党議員が「トランプ氏は大統領として正当性に疑問がある」として式の欠席を表明したことは既に書いたが、そんな中、ヒラリー氏はいち早く式への参加を表明する。「アメリカの分裂を食い止めたい」という彼女なりの考えだったと思う。しかし、その彼女の思いはどうやらトランプ支持者には伝わらなかったようだ。

その後もヒラリー氏の姿がスクリーンに映し出される度に、ブーイングは続いた。意見の異なる者への執ような嫌がらせ。分断の現場を見た気がした。

午前11時半ごろ、トランプ氏がバルコニーに到着した。そこからの時間の流れは速い。副大統領のペンス氏が宣誓し、正午にトランプ氏が宣誓。第45代大統領はあっという間に誕生した。

●ピンク色の行進

翌21日も私は再び議会の周辺にいたが、今度は「トランプ反対」の声に囲まれていた。

周辺はピンクであふれていた。ピンクのニット帽をかぶった人々が歩道だけでなく、車道も占拠して進む。ピンクは、前日に就任式を祝う人々が集まったナショナル・モールも埋め尽くした。50万人を超えたという報道もあった。私の印象では就任式と同じか、それ以上の人だった。

トランプ大統領に抗議の意思を示そうと考えた女性団体がFacebookでつながり、この形に発展したという。組織化されていないから、シュプレヒコールも何もない。思い思いに書いたプラカードを持ち、友人や家族と話しながら進む。プラカードの内容も攻撃的ではなく、「私の身体は私のもの」「築くなら壁ではなく優しさを」などと書かれている。

ピンクの帽子を被った黒人の女性が帽子の意味を教えてくれた。ケニア移民でラスベガスに住む医師のナジボ・カディアー氏。

「トランプが以前、『俺は金持ちだからいつでも女性の性器を触ることができる』って言ったでしょ？　だから性器を意味する隠語と子猫のプシーを掛けたのよ。『私たちはあなたの言いなりじゃないわよ。触れるものなら、この頭のプシーを触ってごらんなさいよ』っていう意味があるの」

しかし集まったのは女性だけではない。男性も多かったし、特に家族連れでの参加も多かった。車いすで参加している年配の女性に話を聞くと、家族三世代で参加したという。

「この大統領は危険です。アメリカを危険な方向に導こうとしているとしか私には思えません」

娘2人と妻とともに参加したアーロン・メイズナー氏は「ここに来ることが大事だった」と話した。白人のセールス・マネージャーだというから、ある程度裕福な生活をしているのかもしれない。53歳と私より少し年上だ。社会の中心にいる人間だと言っても良いかもしれない。

「私たちは彼に反対です。それを世界に示す必要がある。彼は、アメリカの建国の精神と全く異なる人間なのです」

●共和党の中も単純ではない

分断は単純な白人vs非白人というわけでもない。メイズナー氏の言葉はそれを示していた。実際、分断は、実は極めて複雑な様相を呈する。例えば、ブッシュ・シニア（父親）大統領は夫妻でトランプ大統領の就任式に参加しなかった。重篤な状態で入院しているというのが発表だった。ところが、その僅か2週間前に行われたアメリカンフットボールのスーパーボウルに夫妻は元気な姿を見せている。

ブッシュ大統領は共和党選出の大統領だ。その共和党の中にも、トランプ大統領を批判的に見ている人々が多いことは既にアメリカでは知られている。

２０１８年９月、共和党のジョン・マケイン上院議員が脳腫瘍で死去した際は、それが極めて大きくクローズアップされた。

マケイン議員は、ベトナム戦争で北ベトナム軍の捕虜になりながら北ベトナム側への協力を拒否したことで知られる。大統領候補にもなった共和党の重鎮で、伝統的な保守政治家の代表格として知られる。

葬儀には民主、共和の党派を超えた人々が集まり、民主、共和問わず歴代の大統領が参列し、オバマ前大統領は感動的なスピーチを行っている。

しかしその場に現職の大統領はいなかった。マケイン議員がトランプ大統領の参列を望まなかったからだと報じられている。恐らく事実だろう。

娘のメーガン・マケイン氏は式典で、「父は生前、『アメリカを再び偉大にする』など意味は無いと語っていた。なぜならアメリカは常に偉大だからだ」と語り、トランプ大統領を痛烈に批判した。

日本ではトランプ支持者は保守で、リベラルは反トランプと区分けする。しかし実際には、そういう単純化はできない。

第三節　大統領VSメディア

アメリカの分断は、トランプ大統領のメディア批判と相まって加速している。ただ、そこには、トランプ政権との対決姿勢を崩さない米メディアの姿勢も垣間見ることができる。ここでは、トランプ大統領VS米メディアの構図を見てみたい。

●公式会見を嫌う大統領

２０１８年12月27日、暮れも押し迫った年末の夜、ＣＮＮが緊急特別番組を放送した。それはホワイトハウスの記者会見についての特集番組だった。

ＣＮＮは２０１７年1月8日の当選後初めての記者会見から、トランプ大統領にとって天敵のような扱いを受けてきた。２０１８年にも、大統領の意に沿わない質問をしたホワイトハウス担当のジム・アコスタ記者が入館許可書を抹消される事態になっている。ＣＮＮはこれについて連邦裁判所に提訴して勝訴。この時は、トランプ大統領への支持を鮮明にするＦＯＸニュースもＣＮＮの側に立ち、逆にトランプ大統領の異常さを際立たせるものとなった。

ＣＮＮの番組では、歴代大統領とメディアとの緊張関係を紐解きつつ、当時の記者とホワイトハウス報道官への取材から、トランプ政権の記者会見への対応を検証。そこから浮かび上がったのは、トランプ大統領は取材を受けるのが嫌いなわけではなく、回数から言えば、過去の大統領と比べてもマスコミへの露出は多いという事実だ。

しかし、その一方で、正式な記者会見は好まず、立ち止まって記者と話す非公式なものの回数が多い。そこでの取材は常に簡単な言葉のやり取りで終わることが多く、取材する側からすると明確な形で言質をとることが難しい。それをトランプ大統領が狙っての事かはわからないが、少なくとも、この大統領が記者からの厳しい質問を避けようとしていることは間違いない。

オバマ大統領が退任の前に記者会見室に姿を見せて、「あなたがたが我々に質問をすることは、我々の政府が正常に機能するために重要だ」と言ったことは、トランプ大統領とオバマ大統領との違いを物語ってあまり有る。勿論、オバマ大統領がイメージほど人権感覚に優れていたわけでないことも事実だ。それでも、オバマ大統領は離任前に記者の前に姿を現し、マスメディアの果たす役割に理解を示した。トランプ大統領は就任から2年となる２０１９年1月20日現在、その会見室にまだ一度も姿を現したことがない。

●単独インタビューでも厳しい質問をする米メディア

ところで、メディアとトランプ大統領との関係は、当初はそれほど険悪ではなかった。トランプ大統領は当選後にニューヨーク・タイムズ社を訪れているし、そもそも経営者時代からメディアの取材には好んで応じていたことが知られている。時には、自身が経営する会社（トランプ・オルガニゼーション）の「広報の者だ」と名乗って記者に本人が電話をかけてきたことも有ったという。そもそも、トランプ大統領を有名にしたのは「アプレンティシス」というリアルTVショーであって、そういう意味ではメディア側の人間でもある。

ただ、トランプ大統領のメディア理解が十分だったとは言えない。大統領になるまでのトランプ氏にとって、メディアとは自分を売り出す場であって、自分に敵対的なものではなかったからだ。そして、当然の様に彼が想像していない事態が起きる。それは、過去にもあまり例の無い対立の構図を生み出すことになる。

２０１７年1月25日にＡＢＣテレビが行ったトランプ大統領の単独インタビューは、その最初だったと言っても良いかもしれない。大統領に就任して１週間も経たない時期だ。

インタビューは夜のニュースのキャスターを務めるデビッド・ミュアー氏が行った。

最初はホワイトハウス内を2人で歩きながら、「ファーストレディーがニューヨークにとどまるのは寂しくないか？」などとにこやかなやり取りで始まった。

ところが、インタビューが始まるとミュアー氏の顔が厳しいものに変わる。メキシコとの国境に壁を作るといった話では、「不法入国した親の下で生まれた子供たちはどうなるのか？」「彼らはアメリカに残れるのか？」と執拗に迫る。

そして、極めて厳しい顔を見せて質問したのは、就任直後のトランプ大統領の対応についてだ。トランプ大統領は就任直後に、総得票数でヒラリー氏に及ばなかった点について次のようにツイートした。

「違法に投票した数百万人の票を除けば、私は（総得票数でも）勝っていた」

更に、ホワイトハウスのショーン・スパイサー報道官に予定外の記者会見を開かせて、就任式の参加者数をマスコミが不当に低く見積もっていると批判させたりもした。

まず、ツイートについてミュアー氏が追及する。

「なんの根拠も示さずに数百万人の違法な投票が行われたと言うんですか？」

それに対して、「だって多くの人が私と同じように感じている」と不機嫌そうに答える大統領。

ミュアー氏はなおも続ける。

「根拠を示さずにそういうことを言うことで、自らの信頼を貶めることになるとは思わないのですか?」

ミュアー氏は追及を止めない。

「就任式が終わった直後にマスコミを集めて報道官（後に辞任するスパイサー氏）に、就任式に参加した人の数について話をさせています。これは、あなたにとって、他のどの問題よりも就任式に何人参加したかが重要問題だという風に受け止められるとは思いませんか?」

この就任式の参加者に対するトランプ大統領の執着には異常なものが有った。それまで180万人が参加したとして最も多くの人が参加した就任式とされてきたオバマ大統領の一期目の就任式を超えたというのが主張だった。

前述の通り、就任式の参加者数は公式なものはない。ワシントンDCの警察が警備上の理由で試算した数字でしかない。それによるとトランプ大統領の就任式の参加者はオバマ大統領の参加者の半分程度とされ、そのうちの半数近くが翌日に開かれたトランプ大統領に抗議する女性の行進への参加者だとされていた。

ミュアー氏はその数字の論争には触れず、その数字に固執するトランプ大統領の資質について問いただした。これに対してトランプ大統領はまったく反論ができなかった。

このＡＢＣテレビのインタビューを見ていて、日本のテレビとのあまりの違いを感じずにはいられなかった。日本なら、先ずもって当選直後の新リーダーにこういった厳しい質問はしない。ＮＨＫなら次の様な問いになるだろう。

「総理、先ず選挙を振り返って頂きたい、選挙戦はどういうものでしたか?」

「さて、難題は山積しています。総理、どこから手をつけましょうか?」

新たに就任した国のリーダーの宣伝をしてあげるようなものだ。とても、厳しい質問はできないし、しない。

しかし驚くのは早い。米メディアが権力に厳しいのは報道だけではないからだ。

●バラエティーも厳しく政治風刺する米テレビ

トランプ大統領への厳しい姿勢は、テレビのバラエティー番組にも見られる。週末の夜に放送されるいくつかの番組では、トランプ大統領の発言やトランプ政権の対応を茶化すことで、事実上、この政権に疑問を呈している。

このうち特に話題となった米ＮＢＣテレビ「サタデーナイト・ライブ（Saturday Night Live）」の

２０１７年2月4日の放送を見てみたい。

俳優アレック・ボールドウィン扮する「大統領」とともに登場したのは黒装束にドクロの面の死神。「大統領」は死神に「バノン」と話しかけ、何をしたら良いか指示を求める。そしてメキシコ、オーストラリア、ドイツの首脳に次々に電話。

豪州との会話の場面で、オーストラリアのターンブル首相役のタレントが次のように話を向ける。

「ところで、大統領閣下、オバマ大統領の時に約束した難民の受け入れはお願いします」

顔をしかめた後に爆発する「大統領」。

「難民はあり得ない」

そして叫び始める。

「アメリカ第一、くたばれオーストラリア。嫌なら戦争だ！」

そしてガチャンと電話を置き、死神に向かう。

「バノン、あれで大丈夫か？」

頷く死神。それを見て安堵する「大統領」。

言うまでもなく死神はスティーブ・バノン首席戦略官（後に辞任）。トランプ大統領がバノン氏の指示に従って滅茶苦茶をやっているという筋立てだ。

極めつけは続きのこの場面だろうか。「大統領」が最後に死神に向かって、「大統領閣下、ではこちらへ」と話して席を空ける。そこに座る死神。そして横の席に退いた「大統領」はおもちゃで遊び始める。

実はバノン首席戦略官こそがホワイトハウスの主であると痛烈に批判したものだ。

まだ続く。次はマスコミとの緊張した関係が続くホワイトハウスのスパイサー報道官がやり玉だ。扮したのは女性だった。コメディアンのメリッサ・マカーシー。記者会見で、抗議活動の止まないイスラム教徒の入国禁止問題について話し始める。

それに対してニューヨーク・タイムズ紙の記者が質問。

「その入国禁止の件ですが……」

「違う、入国禁止とは言っていない。それは勝手に君らが言っている言葉だ」

「いやいや、そうではないですよ。大統領はツイートで、『イスラム教徒の入国禁止措置について…』と書いていています」

「いや、そう言ったのは君だ。君が言ったんだ。それは君の言葉だ」

困惑した表情を浮かべるニューヨーク・タイムズ紙の記者。実は、この記者は、本物のニューヨーク・タイムズ紙の記者が演じていたという。

言っていることは破たんしている。ここで、「報道官」は、「お前らもＣＮＮのようになるぞ」と恫喝。

すると場面がかわって、ＣＮＮ記者が檻に入れられている場面が出てくる。

これを、「一部の人間しか見ない深夜の低視聴率番組だ」と考えるのは間違いだ。アメリカ人の週末夜の楽しみの一つとなっていると言っても良いし、翌朝のニュース番組で放送内容が取り上げられることも多い。

何よりも、トランプ大統領自身がこの番組を意識したツイートをしている。当然、自らを茶化すボールドウィンに好意的なわけはない。面白いのは、スパイサー報道官の役を女性がやったことに極めて強い反発を示したところかもしれない。自身の分身である広報官が女性によって表現されたことに不快感を示したということだ。

トランプ大統領が何に価値を置いているかを示すエピソードとも言える。それを引き出した番組に日本では見られないメディアの気骨を見せられた思いだ。

付け加えたい。バノン首席戦略官は後に辞任する。バノン氏がホワイトハウスを仕切っているという番組が描いたイメージを、トランプ大統領が嫌ったことが理由だというのが大方の見方だ。

●トランプをファクトチェック

大統領に厳しい姿勢を見せる米メディア。その取り組みの一つにファクトチェックがある。ファクトチェックとは政治家などが発する発言について検証して、事実かどうかを確認する取り組みだ。アメリカでは2000年代に入って積極的に行われるようになっている。

専門の団体も活動している。その代表的な団体が、既に紹介したポリティファクトだ。もともとはフロリダの新聞であるタンパベイ・タイムス紙から始まった。今は分離され、NPO団体として独立して活動している。

ポリティファクトは、予め評価基準を設定して検証した結果を公表している。特にトランプ大統領の発言には注目している。以下が大統領の発言を検証した結果だ（2018年3月現在）。

True（事実） 5％
Mostly True（概ね事実） 11％
Half True（半分事実） 15％
Mostly False（概ね事実ではない） 22％

False（事実ではない）　32％
Pants on Fire（真っ赤な嘘）　15％

「真っ赤な嘘」から半分事実までの発言の中に事実と異なる内容を含んだ言説は、調査対象となった発言の8割を超える。

ポリティファクトの創設者の1人であるニール・ブラウン氏は、こうしたファクトチェックの取り組みがトランプ大統領の歴代最低と言われる低い評価になっていると話した。

「トランプ大統領の支持率が上がらないのは、少なくともファクトチェックの結果が指摘され、大統領の対応を見て判断する多くの人がこの大統領を認めないからだと思う。アメリカ人にとってリベラルか保守か以上に、嘘をつく大統領を信任するのは困難だ。それはアメリカの建国の理念を否定することになる」

ブラウン氏は冗談交じりに次の様にも話した。

「トランプ大統領はファクトチェックのスーパースターだ。こんなに嘘を言う大統領など見たことない」

●米メディア400社がトランプ批判

2018年8月16日、全米の新聞などが報道の自由を訴える共通テーマで論説を一斉に掲載した。それは、メディア敵視の姿勢を強めるトランプ大統領への批判だった。掲載を呼び掛けたのはマサチューセッツ州のボストン・グローブ紙で、同紙によると、参加した新聞社・団体は400超にのぼった。

ボストン・グローブ紙は140年以上の伝統を持つ有力紙だ。カトリック教会の組織的な腐敗を暴いた調査報道はピューリッツァー賞を受賞。その報道の経緯を映画化した「スポットライト」はアカデミー賞を受賞している。

コロンビア大学客員研究員の池純一郎氏によると、ボストン・グローブ紙の呼びかけに応じて論説を掲載した新聞社・団体は、2016年の大統領選挙でトランプが圧勝した州も含め全米各地に散らばっていたという。池氏は、私の主催するNPO「ニュースのタネ」で、そのうちのいくつかの記事について紹介している。

「私たちは報道機関として、健全さを求める呼びかけに賛同する。トランプが私たちに敵というレッテルを貼るとき、彼は過激派に対して直接行動や暴力の可能性へ道を開く招待状を出しているも同然だ」（ミズーリ州『セントルイス・ポスト・ディスパッチ紙』）
「自由世界のリーダーがメディアに対する人々の信頼を掘り崩し続けるならば、アメリカ国内においても世界においてもその影響は巨大だ。かつてアメリカは、自由で開かれた政府を世界に対する模範として掲げた。（…）もはやいわれなき批判を座視していることはできない。われわれの自由な社会におけるジャーナリズムの役割はきわめて重要で、これ以上の浸食は容認できない」（ネブラスカ州『シューアード・カウンティ・インディペンデント紙』）
「自由なメディアを支えることは、真実を支えることである。その真実とは、不正に手を染める人々、権力を持つ人々が報じられたくない、明らかにされたくないと考えるものも含めた、あらゆる真実である」（ミネソタ州『ダルース・ニュース・トリビューン紙』）
「私たちの新聞は、チェックされない権力と不当な特権との敵である」（イリノイ州『シカゴ・サンタイムズ紙』）
池氏は言う。
「トランプ大統領がメディアを『アメリカ国民の敵』と名指しする背景には、政権批判をためらわないメディアの存在が有る」

ただ、アメリカ国民の全てがメディアのトランプ大統領批判に同調しているわけでもないとも指摘している。トランプ大統領は、「FOXニュースなど一部の友好的なメディアに対しては「敵」といった扱いをしていない。そしてトランプ支持者の多くはFOXニュースを見ても、CNNは見ず、ましてボストン・グローブ紙やニューヨーク・タイムズ紙は読まない。

ロシア研究が専門でロシアでの生活が長いアメリカン大学のキース・ダーデン教授は次の様に話している。

「トランプはロシアにとってゴルバチョフの様な存在だと思う。ゴルバチョフは西側世界の我々からは極めて評価が高いが、ロシア人からすれば、ソビエト連邦という超大国を崩壊させた戦犯だ」

つまりトランプ大統領による分断はアメリカ合衆国の物理的な分裂にまで発展する恐れが有る、少なくともロシアはそれを画策している可能性が高いという。それを判断する材料は私には無いが、後述するロシア疑惑を考える上で頭に入れておいても良いかもしれない。

第二章
日本の国際報道がゆがむ理由と構造

私は２０１６年の末にＮＨＫを辞め、２０１７年1月1日からアメリカでトランプ大統領の動きや米メディアがどう大統領と向き合うのかを見て来た。その一方で、日本でトランプ大統領がどう報じられているのかも注視していた。そこから見えたのは、大きなギャップ、乖離だ。はっきり言うと、日本の新聞、通信、テレビの各社はこの大統領の本当の姿を報じていない。それはなぜなのか。それを考えた時、私自身が25年余り関わってきた日本のマスメディアの問題点も浮かび上がってきた。

第一節　トランプ大統領を過信する日本

●ある国際政治学者の発言

「米朝会談は金正恩委員長のペースではない。トランプ大統領は、『核を兎に角、捨てるの捨てないの』と言ってくる。『今回の首脳会談ではっきりせよ』と。そこで金正恩が答えを間違ったら危なくなる」

目の前で大学の講義の様に熱弁をふるう研究者。金正恩とは、北朝鮮の朝鮮労働党委員長のことだ。米朝首脳会談を前にした２０１８年4月半ば、ある会合で、私は強い違和感を覚えながらその発言を聴いていた。

違和感は有るが、既視感のある光景。一言で言えば、そうなるだろう。

発言は国際政治学者からのものだった。その趣旨はアメリカのトランプ大統領は北朝鮮の金正恩委員長を追いつめており、北朝鮮にはアメリカに従うしか選択の余地は無いというものだ。

そこで司会者が、質問を投げた。

「アメリカが妥協する可能性はないんでしょうか?」

すると学者氏は次の様に言った。

「トランプ大統領は、妥協はしません」

今度は、司会者が同じ質問を別の角度で投げた。

「トランプ大統領としては、米朝首脳会談でどこまでなら許容するのでしょうか?」

学者氏は自信満々に語った。

「今、リビア方式といって、アメリカは『1年から2年以内に完全かつ不可逆的に核をなくせ』と言っています。金正恩が2年以内は困ると言ったら、『まやかしだ』とトランプ大統領は批判するでしょう。ですから、必ず時間を区切って完全な非核化をやるでしょう。金正恩に選択の余地は無いんです」

金正恩委員長が適当にごまかせばトランプ大統領はその場で席を蹴って会談を打ち切るという。全てがトランプ大統領の術中で動いており、北朝鮮はそこから逃げられない……そう話す学者氏の言葉は力強く、どこか頼もしく響いた。

興味深いことに、その話を聴く人々も、その内容に納得しているようだった。そうでないのは、学者氏と向き合う形になっていた壇上の私1人だったのかもしれない。

●アメリカ人はトランプに戦略があると思っていないのに

ここで司会者が私に意見を求めてきた。それは、私がトランプ政権の誕生からの半年間を、アメリカでメディア研究者として過ごしたからだ。次の様に話した。

「トランプ大統領に明確な外交方針が有るとは思えません。そもそも、東アジアに対して明確な戦略を示したこともありません。また、ホワイトハウスに戦略を立てられるような人材もいない。だから、トランプ大統領自身、今回の首脳会談は両首脳が会うことに意味が有ると言っています。ただ、だからこそこの米朝首脳会談は可能になったとアメリカのメディアが報じています。これが明確な戦略に基づいて国務省が下から積み上げたものであったら、そもそものタイミングで米朝首脳会談など開かれていないでしょう」

私は、トランプ大統領は勿論、トランプ政権幹部に取材した経験は無い。外交問題の専門家でもない。ジャーナリストとしてはイランでの駐在経験は有るものの、基本的に社会部で日本国内の問題を追いかけて来た。

それでも私が壇上で司会者から話をふられるのは、２０１７年1月から半年余りをアメリカで研究員として過ごし、トランプ大統領の発言とそれを報じる米メディアをチェックしてきたからだ。勿論、トランプ政権やトランプ大統領を調べるジャーナリストや研究者とは日常的に意見交換もし、それは帰国後の今も変わらない。

実は外交専門記者ではないから見えるトランプ大統領の姿もある。逆に、この大統領は外交問題の専門家が見てもわからない。私のような社会部的、或いは事件取材の感覚でものを見ないとわからないと思う。

司会者に促されて語ったことは、そうした私の経験とその後のアメリカでの報道から総合的に判断した内容だった。

すると、私の発言が終わった後、学者氏は次の様に言った。

「トランプ大統領に対して誤解していますね」

そして、如何にトランプ大統領が入念に北朝鮮政策を練っているかを力説。金正恩委員長が如何に厳しい立場に置かれているかを説明した。私は既に反論する気さえ失せていた。

こうした経験を何度したことだろうか、と思う。

「トランプ大統領には明確な外交政策がある」、「トランプ政権は北朝鮮を追い込んでいる」といった言葉を日本の研究者から耳にする機会は少なくない。

ところが、私はアメリカのジャーナリストや研究者でそうした見解を述べている人に会ったことがない。これは正直言うと、トランプ支持者からも聞いたことはない。トランプ大統領の言葉が時と状況によって変わるからだ。

私がコメンテーターを務めているテレビ番組「ちちんぷいぷい」(毎日放送)でも、大学教授が、「トランプ大統領は北朝鮮政権崩壊を目指している」と語っていた。私はスタジオで黙って聞いていたが、後述するようにそれを裏付ける明確なものを私は目にしたことがない。

●根拠の乏しい日本の国際報道

２０１８年6月12日にシンガポールで最初の米朝会談が行われた。両首脳は握手を交わし、トランプ大統領は終始、笑顔で金正恩委員長と対した。トランプ大統領は、その後の記者会見で会談の成果を強調したが、焦点だった非核化については具体的な成果を語ることはできなかった。

会談の翌日、ＮＨＫは「政治ショーだった」と断定したが、このニュースこそいささかショーがかった演出だ。当初から、この首脳会談が「政治ショー」なのはわかりきっていたことだからだ。それを、さも大きな結果が期待できるかの様に盛り上げておいて、終わった後に「政治ショー」と切り捨てる。それは極めてミスリーディングと言わねばならない。

当然の様にその後、米朝対話に目立った進展は見られない。勿論、裏では様々な交渉が進んでいるのだろう。ただし、少なくとも「金正恩に選択の余地はない」と言うほどトランプ大統領の思い通りに進んでいると思う人は極めて少数だろう。

私が、こうした事例をここに紹介するのは、発言通りに進まなかったことを批判したいが為ではない。問題にしたいのは、予測とその結果ではなく、根拠だ。識者とされる人が「トランプ大統領は、妥協はしません」と発言した時に、どれだけの根拠が示されたのかを考えたいからだ。そして、それを考えた時、根拠が全く明示されていなかったことに気が付く。

なぜトランプ大統領が金正恩委員長を追い込んでいると考えられるのか？　なぜトランプ大統領は妥協しませんと言い切れるのか？　なぜ米朝会談が思い通りに行かなければトランプ大統領は席を蹴って出ると言えたのか？

どれ一つとっても、根拠は語られていなかった。

公開討論の様な場で「その根拠は何ですか？」とは、問いにくいものだが、やはりそれはしていかなければならないだろうし、そもそも問われなくても発言の根拠は明確にする必要がある。それが有識者と言われる人の責任だろう。

根拠に乏しい、嫌、正直な印象で書けば、思い込みによる論評と言っても良いかと思う。米朝関係をめぐって、こうした発言を繰り返す人は少なくなかったと思う。何度も書くが、結果云々を論じるものではない。発言の根拠が明示されていたか否かを考えたいのだ。

第二節　根拠を示さない日本の報道

●根拠を示さないままの「北朝鮮攻撃計画」報道

根拠が乏しいという状況は、実はマスメディアの報道も同じだ。否、報道が根拠を示さないため、識者も根拠を示せないとも言える。

例えば2017年の暮れから18年の頭にかけて、トランプ政権が北朝鮮を限定的に攻撃するというらわさが報道各社にまことしやかに流れている。実際に、その事態に備えた体制をとったマスメディアもあった。

そうした緊迫感の続いていた2018年1月、テレビ朝日の報道ステーションが、アメリカによる北朝鮮攻撃計画の内容を独自に入手したとする内容を特ダネとして報じた。それによると、アメリカは北朝鮮のミサイル発射施設などをピンポイントで攻撃する計画を作成したという。従来、北朝鮮への先制攻撃は韓国、日本への反撃が不可避だとしてアメリカ政府も慎重になっていたとされる。しかし報道によると、北朝鮮は反撃しないとアメリカ政府は判断したという。

今にも米軍が北朝鮮を攻撃しそうなトーンの報道に、私は衝撃を受けてテレビにくぎ付けになった。

私が驚いたのには理由が有る。トランプ政権の国防長官であるジェームズ・マティス将軍（後に辞任）は、国防長官就任の議会での公聴会で、北朝鮮への対応を問われ、「北朝鮮への軍事攻撃は韓国への影響を考えれば現実的ではない」と語っていたからだ。ここで偽証は許されない。

では、議会証言から1年もたたずに国防長官は考えを変えたのだろうか？　あるいは、この報道は、国防長官さえも知らないような米軍の機密情報だったのか？

実際にそうした状況だったのかどうか、当然、私にはわからない。ただ、その後の流れを見ると、米軍が具体的にその準備に入ったという報道も聞かれない。勿論、だからこの報道が間違い、つまり誤報だったと言うことはできないだろう。水面下でそうした動きが有ったのかもしれない。

ワシントン・ポスト紙のボブ・ウッドワード記者の著書『ＦＥＡＲ』にそれに近い記述が書かれている。それによると、トランプ政権が一時、北朝鮮を攻撃する方向に傾斜したという。しかし、北朝鮮が反撃しないと米軍が判断したなどとは書かれていない。

ただし、ここでも、その報じられた内容を問題にしたいのではない。それは事実かもしれないし、そうでないかもしれない。

繰り返すが、私が問題にしたいのは、その報道の根拠だ。番組では、その根拠を、一言、「アメリカ政府関係者によりますと」で片づけていた。そこでは、その人物がどういう組織のどのくらいの地位の人間なのかも言及されていない。画面には1人の「アメリカ政府関係者」が描かれていたので、それは1人なのかもしれないが、原稿上では確認した情報源の人数も明確ではない。

更に言えば、重要なニュースの情報は必ず複数の証言で確認するというのは、日本のメディアでも基本である筈だ。はたして、この「アメリカ政府関係者」がなぜ、これだけ重要な情報の根拠となり得たのか、どれだけの信ぴょう性があるのか、ニュースの中からは想像することさえできなかった。

このニュースでは、ＡＮＮ（テレビ朝日を中心とする系列局のニュースネットワーク）のワシントン支局長が中継を結んで出ていたが、不思議なことにこのニュースの核である米軍の作戦に一切触れていなかった。米軍の作戦についての新事実をテレビ局が特ダネとして報じる時に、ワシントン支局長が全くそのニュースに触れないというのは極めて違和感の有る話だ。つまり、米政府を取材する責任者が、自社の「アメリカ政府関係者」からの報道の内容を把握していない？そうなると、この「アメリカ政府関係者」という者の存在さえ怪しく見えてくる。

●ＮＨＫや朝日新聞でも同じような問題が

テレビ朝日だけではない。北朝鮮の弾道ミサイル発射実験が緊迫の度合いを強めた２０１７年8月22日、ＮＨＫの解説委員が「アメリカは（北朝鮮の施設を）ミサイル攻撃する可能性がある」と発言。その場で、番組のアナウンサーが驚愕する場面があった。

これは極めてミスリーディングな解説だ。アメリカ政府にはミサイルで北朝鮮の施設を攻撃するという選択肢はある。しかし、「可能性が有る」と言うには、それなりの根拠を示す必要がある。根拠も示さずに、ミサイル攻撃の可能性を口にするのはまともな報道ではない。前述のテレビ朝日の報道ステーション以下のレベルだ。

仮に、「米軍は巡航ミサイルを持ち、朝鮮半島の周辺に配備している」という事実だけを言うなら、「アメリカは北朝鮮を巡航ミサイルで攻撃する能力を持つ」であって、「攻撃する可能性がある」とはならない。「攻撃する可能性」と報じるのであれば、それなりの根拠を示さなければならない。しかし、こうした極めてデリケートな内容が根拠も示されずにマスメディアで安易に語られているのが現状だ。そして、いつの間にかそれが所与の事実となって語られていく。それは危険な状況であるという意識を持つべきだ。

勿論、これはテレビだけではない。

問題を指摘したテレビ朝日「報道ステーション」の報道の2日前、朝日新聞は、平昌オリンピックをきっかけに急速に高まった韓国と北朝鮮の関係改善の機運について、「南北接近　日米冷ややか」と報じている。日本政府が南北の接近を冷ややかに見ていることは他の様々な報道から分かるが、この記事の肝は米政府も冷ややかに見ているという点だ。

残念ながらこの記事は事実とは言えない。少なくとも、私たちは、この時期に既に米朝は南北と並行して接触を始めていたことを知っている。

しかし、この記事についても、私が問題にしたいのは結果が違ったということではない。そもそも「南北接近　日米冷ややか」と題された記事に、アメリカ側に取材した痕跡が見られないことだ。「日米」が「冷ややか」と書く以上、日本政府にのみ取材をしたのでは不十分なことはジャーナリズムのイロハのイにあたる。仮に、日本政府が、「アメリカ政府も冷ややかな態度で見ている」と言っていたとしても、それを理由に、「日米冷ややか」とは書けない。それもジャーナリズムの常識の範疇だ。

朝日新聞は何を根拠に「南北接近　日米冷ややか」と書いたのか。どのような取材によってこの記事は書かれたのか。今からでも遅くないので、朝日新聞は明らかにするべきだ。

こうした事例が特に問題なのは、朝日新聞、NHK、テレビ朝日ともに、日本を代表するマスメディアであり、多くの読者、視聴者の支持を得ている存在だからだ。そして、これらのケースを私が取り上げたのは、この記事、テレビ番組をたまたま私が目にしたからであって、他でも状況は同じであることが容易に想像される。否、後ほど触れるが、もっと乱暴な記事も散見される。

第三節　トランプ大統領は北朝鮮に強硬的なのか

米朝関係の報道についてもう少し考えたい。冒頭紹介した研究者らの発言、テレビ、新聞の報道は、トランプ大統領が北朝鮮に強硬的な姿勢を示すということが前提になっているように思える。それを考えてみたい。

●アメリカ政府の公式文書を読むべきだ

トランプ大統領はそもそも外交政策で明確な指針を示したことはない。２０１７年12月に「国家安全保障戦略（National Security Strategy of the United States of America）」が発表され、そこで北朝鮮の大量破壊兵器の脅威について触れられているが、どう対応するかは書かれていない。冒頭にトランプ大統領が「北朝鮮の無法な政権に対して我々は国際社会と協力してあたっている」と書いている。「無法な政権（rouge regime）」という言葉の選択にトランプ大統領特有の挑発的な姿勢は見られるが、特に、軍事的な対応の必要性を強調するような記述はない。普通に読めば、オバマ政権時代と変わらない戦略が書かれている。

有識者とされる人がトランプ政権について語る時、少なくともこうした米政府の公式な報告書を読まねばならないが、本当にそういうことをしているのか疑問に感じるところだ。

トランプ大統領が明確に北朝鮮について語ったことが一度有る。それは２０１７年11月の韓国の国会で行った演説だ。この演説はアメリカでも、初めてトランプ大統領が北朝鮮政策について具体的に言及するケースになると注目されていた。私は既に日本に帰国していたが、ＣＮＮテレビの生中継で見た。

「北朝鮮はあなたのお祖父さんが夢見たような楽園ではない。それは地獄だ。しかしながら、我々は、あなたが神と人間に対して行ってきたあらゆる犯罪にも関わらず、あなた方により良い未来への道を提供する」（筆者訳）

演説自体は1時間に及ぶものだったが、北朝鮮に関して明確な意思を示した部分はここだけだった。他は、朝鮮戦争以来の米韓の協力関係を評価し、その結果として韓国の繁栄が有るとの認識を示すことに終始した。自らが経営するゴルフ場で開かれた全米女子ゴルフ選手権での韓国人選手の活躍を称える場面もあった。

このトランプ大統領の演説について日本の一部の報道は、北朝鮮への強硬的な姿勢を示したと伝えた。しかし、文面からは、その評価が正しくないことがわかる。「楽園ではない。それは地獄だ」とか「あらゆる犯罪にも関わらず」といったトランプ大統領特有とも言える激しい表現はあるものの、この言葉の肝は、「あなた方により良い未来への道を提供する」という部分であり、これは対話を促している内容と理解する方が自然だ。そして、実際に対話が実現していることを私たちは知っている。

●対照的な国連総会でのトランプと安倍の演説

同じことは2017年9月に行われた国連総会演説についても言える。トランプ大統領はここで金正恩委員長を「ロケットマン」と揶揄して北朝鮮政府の反発を買っている。

この演説でトランプ大統領は、横田めぐみさんの拉致や北朝鮮で長期にわたって身柄を拘束され解放されて帰国後直ぐに死亡したバージニア大学の学生、オットー・ワームビアー氏について触れ、北朝鮮の対応を非難している。

「ロケットマン」の部分は以下の様な内容だ。

「アメリカは偉大な力と忍耐を持っている。仮に自国と同盟国を防衛せざるを得なくなれば、北朝鮮を完璧に破壊するしかない。ロケットマンは自身とその政権にとって自殺行為への道を突き進んでいる。アメリカは意志においても能力においても準備をしている。ただし、その必要性は無い方が望ましい」（筆者訳）

そして次の様に続ける。

「それが国連だ。国連とはそのために存在するのだ。彼ら（北朝鮮）の対応を見守ろう」（筆者訳）

つまり、この演説でトランプ大統領は北朝鮮との対話を拒否するような発言はしていないのだ。この後、「全ての国が金正恩体制を孤立させるために共同歩調をとらなければいけない」（筆者訳）とも述べるが、それは国連の制裁についてであり、対話を拒否したものではない。まして、先制攻撃を示唆する言葉は一切使っていない。

これは、同じ国連総会の場で行われた安倍総理の演説が、「北朝鮮に全ての核・弾道ミサイル計画を、完全な、検証可能な、且つ、不可逆的な方法で放棄させなくてはなりません。その為に必要なのは、対話ではない。圧力なのです」と述べて対話を拒否する姿勢を強調したのとは異なるものとなっている。

ロケットマン発言もそうだが、トランプ大統領は相手を挑発、或いは茶化すかのような物言いを好んでする。それはトランプ大統領の性格から来るものだろう。それが支持者に受けていることとも間違いない。ただ、そこに深い意味をとろうとするのも無理が有るように思う。「ロケットマン」にしても、さほど深い意味は無いと私は思う。注視すべきは、そうした表現を交えつつ語っている内容だ。そして、それを見れば、イメージほど挑発的な内容ではないことがわかる。

私は帰国後直ぐに出演した2017年8月末の情報番組「ちちんぷいぷい」で、米朝首脳会談はあり得るとの考えを示していた。当時、それはあり得ない話だと受け止められた。しかしトランプ大統領の言葉を正確に追って行くと、挑発的な言葉の駆使とは裏腹に、発言そのものはあまり過激ではないことがわかる。寧ろ、金正恩委員長に対しては、「会えるなら光栄だ」とツイートするなど、親近感を覚えているように受け止められる発言も散見されていた。

私は、トランプ大統領が北朝鮮に対して強硬ではないと言っているわけではない。そもそも、強硬か否かを判断できるような指針を大統領は一度も示したことがないということだ。強硬か否か判断できる根拠がないということだ。

それ故に、今後のトランプ政権の方針もわからない。だからアメリカのメディアでも、日本の報道や識者のように断定的に伝えているところはない。伝えることなど、そもそもできない筈だ。

CIA長官やNSI長官といった米情報機関でトップを務めたマイケル・ハイデン氏は、CNNテレビに出てトランプ大統領について問われた際、「もし仮に私が外国の政府のアドバイザーとなり、『トランプ大統領は次に何をするのか？』と問われれば、『オバマ大統領の行ったことの逆を行う』とだけ答えるだろう。それ以外には何もないからだ」と話している。それ以上の答えは無理だろう。

この「根拠」という点にもう少しこだわりたい。根拠を明確にしない日本の国際報道は、ある種の情報操作的な色彩を帯びていると感じるからだ。

●拉致問題でも根拠が明確でないままの報道が

米朝首脳会談の後の日本での拉致問題の報道を例に示してみたい。

「正恩氏は拉致問題に関する日本との対話にオープンな姿勢を示した」

米朝首脳会談後、ほとんどの新聞、テレビがこの様に報じた。これはトランプ大統領が米朝会談後に安倍首相に電話で伝えた内容ということで、「政権幹部」が語ったという。細かい表現や情報源の表記は違うが、各社とも、大筋で同じ内容を報じている。

これまで北朝鮮との対話を拒否してきた日本政府にとって、これは吉報ということになる。ただ、冷静に見れば、極めて不自然なニュースと言わねばならない。

まず、トランプ大統領から電話を受けた当の安倍首相からはこうした発言は出ていない。菅官房長官からも何も無い。つまり公式な発言ではないということだ。トランプ大統領も米朝首脳会談後の会見で明確なことは話していない。

電話の直後に官邸で安倍首相が記者団に語ったのは、内容について明らかにできないということと、拉致問題は日本政府が解決に取り組むべきとの認識だった。

それにも関わらず、この「正恩氏は拉致問題に関する日本との対話にオープンな姿勢を示した」との報道は「事実」として広がっていく。産経新聞に至っては、金正恩委員長は「12日の米朝首脳会談でトランプ大統領に『安倍晋三首相と会ってもよい』と語っていた」とさえ報じている。しかし、トランプ大統領はそうした発言をしていない。では、この記事は何を根拠にそう断定しているのか？　記事には根拠が全く示されていない。

言うまでも無く、米朝間で実際にどういうやり取りが有ったのかは今の段階ではわからない。しかしその報道の直後、平壌放送は、「日本は既に解決された『拉致問題』を引き続き持ち出し、自分らの利益を画策しようとしている」と報じたという（ラジオプレスより）。そうなると、各社が流したトランプ大統領から安倍総理に語られた発言とは事実だったのか極めて疑わしい。

私は日本の新聞、通信、テレビ各社が政権のお先棒を率先して担ごうとしているとは思っていない。しかし、情報が錯綜する中で、「政権幹部」と称する情報源が投げた甘い餌に記者が食いつくことはあり得ると思う。つまり、結果的にではあるが、メディアが政府の情報操作に加担している可能性が有るということだ。

第四節　核心が伝えられない日本のトランプ報道

●トランプ氏の当選後初会見報道の違和感

私がそもそも、トランプ大統領の発言やそれを報じるマスメディアの日米の違いを最初に感じたのは、２０１７年1月8日だった。私はその少し前の２０１６年12月末にＮＨＫを退職し、翌17年1月1日に渡米している。つまり、渡米して直ぐに違和感を覚えたということだ。

この1月8日、トランプ氏（当時は次期大統領）は大統領選挙に当選して初めてとなる記者会見を行った。アメリカのメディアによると、通常、選挙に勝った次期大統領は当選から時間を置かずに会見をするのだという。トランプ氏がなかなか会見を開かない理由については、準備が間に合わないといった憶測が飛んでいた。

会見をテレビの中継で見て、なかなか開かなかった理由がわかった。会見は1時間ほどだったが、この中で語ったことは次の2点だった。

・自身のビジネスと大統領としての職務との間で疑われる利益相反は存在しないこと

・ロシア疑惑とされる問題は事実無根であること

利益相反とは、大統領としての職務と自身のビジネスとで利害が対立した場合に、大統領としての権限を不当に利用する行為のことだ。ロシア疑惑とは、今やトランプ政権のアキレス腱となっているスキャンダルだ。ただ、当時はここまで大きな疑惑になるとは思われていなかった。一方で、ロシアとの間で何かしらビジネスを行っていたとの指摘も有り、利益相反とロシア疑惑は複雑に絡み合っているという見方も有った。

会見では、先ず自身のビジネス関係の書類を示し、それらを統括する責任を息子のドナルド・ジュニアとエリックに譲ったことを明らかにした。また、顧問弁護士を登壇させて、利益相反は生じないことを説明して見せた。記者とのやり取りを除く説明の時間のほとんどを、この2点に対する懸念の払しょくに費やしていたと言って良い。

ところが、日本で主に報じられたのは、トランプ大統領がCNNに対して「フェイクニュースだ」と非難して質問させなかった部分と、貿易問題で日本を批判したという部分だった。

会見翌日にヤフーニュースで日本の報道を知って戸惑った。と言うのも、大統領の日本への言及は一言触れたという程度の印象だったからだ。あらためて会見内容の記録を読んでも、その印象はぬぐえなかった。

以下が、トランプ氏が記者会見で語った内容だ。私の訳であることを断っておく。

「アメリカは貿易で負けている。毎年、数千億ドルを失っている。数千億を中国との貿易で。そして日本、メキシコ、あらゆる国とだ」

動画で発言を再度確認してみると、日本はメキシコと並び、「あらゆる国」の1つとして述べているに過ぎないことがわかる。この発言を日本を批判したものととらえるのは、極めてミスリーディングだろう。

そもそも、この発言が出た時の記者からの質問は、「あなたの閣僚（予定者）には、利益相反が疑われる人が多いが、利益相反の問題が生じないような対応をとるのか？」というものだった。この質問についてトランプ氏は直接、利益相反の有無については答えず、石油メジャーのエクソン・モービルＣＥＯから国務長官に指名したレックス・ティラーソン氏を例に出して、「過去に例を見ない優秀な閣僚だ」と語っている。

「日本」が出た発言は、その主張を裏付けるために如何に過去のアメリカ政府が外交通商問題に無能だったかを主張している中でのものだ。特にトランプ氏に深い狙いが有ったとは思えない。

因みに、ここで礼賛しているティラーソン氏は後に解任されている。また、トランプ氏はこの発言の中で、「優秀な検察官でアラバマ選出の偉大な上院議員が司法長官になる」とも語っているが、この司法長官とは、中間選挙後に解任したジェフ・セッションズ氏のことだ。

トランプ次期大統領が日本を批判したというニュースはその後増幅されていく。先ず官房長官が反応してそれが大きなニュースになり、その後、経団連会長の反応もニュースになる。ニュースには作られていく側面が有るが、これはその典型と言って良い。

先ず官房長官会見で政治部記者がワシントン支局からの報道について質問する。それに官房長官が答える。それがニュースになる。更に、経済部記者が経団連会長の記者会見で同じ質問をする。それに経団連会長が答える。そして、それがニュースになる。

ニュースの発端となったトランプ大統領の日本批判など、「批判」とも言えない程度の言及だったのだが、官房長官、経団連会長といった政治経済のトップの発言が紹介されることで、極めて深刻な事態が演出される。

●トランプ政権幹部のロシア側との接触疑惑をめぐって

そうした報道の流れの中で2017年2月、安倍総理が訪米して日米首脳会談が行われる。場所は、フロリダにあるトランプ大統領自慢の別荘マール・ア・ラーゴだ。傍らには安倍昭恵夫人の姿。そこに、高まる国民の不安を解消するために夫婦で尽力する総理大臣というイメージがダブったとしても不思議ではない。

実は、その最中に、その後トランプ政権を揺さぶるロシア疑惑の報道の幕が切って落とされているのだが、当時、それを知っていた日本人はどのくらいいただろうか。残念ながら、米朝首脳会談で盛り上がっている日本の政治部記者には勿論、ワシントンで取材する特派員にも、その後のアメリカを、そして当然、日米関係をも揺るがすスキャンダルは取材すべき対象には映らなかったようだ。

そのスキャンダルは既に表ざたになっていたロシア疑惑の一端だが、ワシントン・ポスト紙が2017年2月9日に報じた内容は、疑惑の深刻度を急激に高めるものだった。

記事によると、当時の国家安全保障担当特別補佐官だったマイケル・フリン氏が、政権発足前に駐米ロシア大使と接触していたことが明らかになったという。ロシア大使を盗聴している情報機関の記録にアクセスできる現職、元職の政府職員9人から確認された内容とされた。その衝撃の大きさは、安倍総理とのフロリダの別荘での会談に向かう大統領専用機の機上でのトランプ大統領の表情からも読み取ることができた。

この記事について記者団に問われたトランプ大統領は、珍しく硬い表情で、「そのニュースについては知らない」と語っている。感情を抑えたその対応に、ことの深刻さを読み取った記者は多い。

「珍しいね。この問題はトランプ大統領にとって極めて深刻だということだろう」

匿名を条件に米政府の内情を解説してくれた公共放送NPRのデスクは電話口でそう語った。私との付き合いはNHK時代からで、20年を超える。

「どのくらい深刻なのか?」

「フリンを辞任させて話が終わるという程度では終わらないだろう。問題はなぜ、フリンがロシアとあの時期に接触をしていたか、だ」

「トランプ大統領とロシアとの異様な関係?」

「そういうものが出てくる可能性が有る」

ＮＰＲデスクとの電話を切った後に始まった夕方のテレビニュースに注目した。当然の様に、その日のニュースはこのロシア疑惑で持ちきりとなる。テレビニュースの映像ではマール・ア・ラーゴで会食する安倍総理夫妻とトランプ大統領夫妻の映像が流れるが、内容は、ロシア疑惑とその今後の政権への影響を伝えるものとなっていた。それだけ大きなニュースなのは当然だろう。

その後、フリン氏は辞任に追い込まれる。同時にアメリカでは、ロシアとトランプ政権との関係に疑問を呈する報道も増え始める。トランプ大統領が当選後初めての会見で強調した利益相反についても、様々な問題が報じられる。

後述するように、ロシア疑惑はフリン氏の駐米ロシア大使との接触が明るみに出て以降、トランプ政権をも巻き込む一大スキャンダルとなりつつあった。フリン氏が個人の都合でロシア大使に会ったと思うのには無理が有るからだ。彼は当時、トランプ氏の政権移行チームで外交問題を担当していたトランプ陣営の幹部だ。そして、それはトランプ大統領の資質の問題、つまりこの大統領は様々な利益相反を抱えているという疑惑にまで発展し始めていた。

●結果としてメディアが安倍政権の基盤強化に加担

ところが、こうした問題について日本のマスメディアは総じて反応が鈍かった。私は当時、ヤフーニュースにそうした問題を書いていたが、それについて大手新聞のワシントン特派員から、「立岩さんの記事は読んでいますが、ああいう記事は東京から、『それはアメリカの国内問題だろ』と言われてしまうんですよ」と言われたことがある。

当時の状況をもう一度振り返ってみたい。2017年が始まり、それまで沈黙を破ったトランプ次期大統領が会見を開いた。その会見の目的は、自身に向けられた利益相反とロシア疑惑の払しょくにあった。ところが日本では、その会見は、CNNを名指しで批判する横柄な次期大統領が日本をも名指しで批判したという報道となる。政財界の不安を一身に背負ったかのように安倍総理が夫人同伴で訪米。その甲斐あって、トランプ大統領と親密な関係を築くことに成功。日米関係は更に強固になったとの印象を日本のメディアは連日報じる。

その一方で、一大スキャンダルに発展したロシア疑惑やその結果、再度注目されることとなったトランプ大統領の利益相反については、日本ではほとんど知られずに終わる。これは、結果的に、マスメディアが安倍政権の基盤強化に加担した形となっていると言って、言い過ぎとは思えない。首脳2人の人間関係に基づく日米の結束を強調したい安倍政権にとって、首脳会談の最中に沸き起こったかのようなロシア疑惑やトランプ大統領の資質といった問題は遠ざけたいものだっただろう。あくまでも結果論だが、そうした政権の思いにマスメディアは寄り添ったことになる。

その後の日本の報道も同じ状況が続く。ロシア疑惑については大きな動きが有れば報じるようにはなっているが、その問題と密接に絡むトランプ氏の利益相反の問題や、重用する娘婿一族の利益相反の問題などについて報じられるのは稀だ。

第五節　何が日本の国際報道をゆがめるのか

●日本の国際報道がゆがむ構造

勿論、報道の自由が認められている日本において、政府が報道内容に影響力を行使していると言っているわけではない。これはあくまでも結果論として述べているに過ぎない。

一方で、報道する側が無意識に政権の意図を反映させている状況が無いとは言い切れない。それが冒頭から書いているように、トランプ政権が北朝鮮に対して強硬だという前提条件が形成される理由だと思う。

ある会合で一緒になった朝鮮問題の専門家が、「トランプ政権は北朝鮮の体制変更を求めている」と発言するので、それは何を根拠に言っているのか尋ねたことがある。私が知る限り、トランプ大統領自身も、マティス国防長官もそうした発言はしていないからだ。すると、それは日本政府幹部から知り得たアメリカ政府高官からの情報ということだった。

ここで重要なのは、誰から入手した情報かだ。専門家が入手した先は、アメリカ政府高官ではなく、あくまでも日本政府高官だ。そこには、当然ながら、その日本政府高官の意図が入り込む。場合によっては事実が歪曲されることも有り得る。

そしてそれは、日本の報道についても全く同じ状況だ。紹介した朝日新聞の「日米冷ややか」の記事はその顕著な例だろう。あの記事でアメリカ政府に取材しないで書けるのは、恐らく日本政府が「日米両政府が冷ややかに見ている」との見方を記者に伝えているからだろう。だから、記者はアメリカ政府の確認をとる必要が無い。日本政府がそう言っているのだから、そう書けば良いと考える。しかし、当然ながら、それは日本政府の見立てを伝えるニュースでは有っても、事実を伝える記事にはならない。

日本の国際報道とは、実はそうした日本政府の見立てを軸に組み立てられていることが少なくない。特に、政治部記者や経済部記者が書く記事はその傾向が強い。

これを日本政府によるオフレコ情報と言い換えても良い。例えば、ワシントンには「霞クラブ」というものがある。「霞クラブ」とは霞が関にある外務省記者クラブのことだが、その「出先クラブ」がワシントンの日本大使館にあるのだ。そこには東京の「霞クラブ」に所属していた記者（主に政治部記者）だけが加入できる。そして加入メンバーは大使館のオフレコ情報を独占的に入手できる。

それは次の様に機能する。トランプ大統領が何か発言した際に、その意味するところをワシントンの「霞クラブ」を通じて確認する。すると、その言葉の背景説明が行われ、それが報道内容を事実上決める。すると、その情報は、東京の「霞クラブ」、つまり外務省を取材している政治部記者の情報と合致する。つまり、それは正しい情報という理解になる。

それによって、演説内容や発表された内容からは読めないトランプ大統領の政策が報道に反映されるようになる。そして、それは北朝鮮政策について言えば、強硬的なものという理解となる。

なぜなら、北朝鮮とは交渉しないと国連で明言した安倍政権にとって、トランプ政権が北朝鮮に強硬的であった方が都合が良いからだ。

問題は、それが正しいのかという点だ。そして残念ながら、多くのケースでは間違っていたことが今は明らかになっている。

●国務長官の解任を「強硬派」VS「国際協調派」と解説した日本の報道

もう1つの事例を見てみたい。2018年3月のトランプ大統領によるティラーソン国務長官の解任である。日本のマスメディア各社は、国際協調派の国務長官の首を強硬派の大統領が切ったという解説で、米朝関係に黄信号が灯るような報道を行った。

これもアメリカのメディアから情報を得ている私から見れば極めて違和感の有る解説だ。ティラーソン国務長官を国際協調派と呼ぶことは可能だが、トランプ大統領を強硬派としてくるのは極めて大雑把な単純化でしかない。何度も書くが、トランプ大統領は、強硬派と言えるほどの一貫した外交方針を示していないからだ。

この解説にはそもそも無理が有る。仮に国際協調派という理由でティラーソン氏が解任されたのであれば、同じ国際協調派として知られる大統領の娘のイヴァンカ氏とその夫のクシュナー氏も遠ざけなければならないからだ。２人はともにホワイトハウスの上級スタッフでありトランプ大統領の側近中の側近だ。当然だが、トランプ大統領がこの２人を遠ざけるような動きを見せたことは確認されていない。

このティラーソン長官の解任が、ケリー氏やマティス国防長官の時と同じで、トランプ大統領の個人的な感情によるものというのはアメリカのメディアで共有されている情報だ。国際協調派と強硬派の対立というのは、結果からはじき出された推測でしかない。

実はティラーソン長官と大統領との軋轢はかなり早い段階に表面化していた。大統領のあまりに国際常識をわきまえない言動に、「この能無し野郎」と思わず口走ってしまい、それがニューヨーク・タイムズ紙に報じられてしまうのだ。その報道の後、ペンス副大統領が関与する形でティラーソン長官は閣内に留まる意思を示す。しかし、それで両者の間の溝が埋まったと考えた記者はいない。トランプ大統領は一度でも自分を批判した人間を許さないと言われる。当然、トランプ大統領はティラーソン国務長官とは話もしなくなるだろう。

ティラーソン長官も強烈だった。ペンス副大統領とのやり取りの後に記者団に囲まれた国務長官は、辞任しないことを語った上でペンス副大統領への謝意を表した。トランプ大統領に対しては一言も語らなかった。

ウッドワード記者の『FEAR』によると、ティラーソン長官としては、自身が大統領を軽蔑していることを隠す気も無かった様だ。当時のワシントン・ポスト紙の記事では、「自ら辞めることはないが、解任されるのを待っている」とする記事が出ていたが、まさに、そういう心境だったのだろう。

●特定の前提条件を維持するための報道

ところで、この個人的な好き嫌いから生じた解任劇が、なぜ日本では国際協調派と強硬派の闘争の結果となるのだろうか。それを考えてみたい。

その理由は、トランプ政権が北朝鮮に対して強硬な姿勢を示しているという前提条件を維持するためだと言える。この前提条件とは、日本政府の思いであり、その結果として日本のマスメディアが伝えてきたスタンスだ。

強硬派で北朝鮮攻撃をも辞さぬ姿勢を見せていたポンペオCIA長官を国務長官にするとした人事は、日本政府の主張の正しさを証明したかのような印象を与える。ティラーソン長官は、北朝鮮との交渉の必要性を説いてきた。それをトランプ大統領が「無駄な努力」と嘲笑ったこともあったが、実は当のトランプ大統領もそう考えていたことを私たちは知っている。また、マティス国防長官も、ティラーソン長官と同じ考えを度々表明しており、特別にティラーソン長官が突出した国際協調派というわけでもなかった。

ところが、日本のマスメディアは、北朝鮮との対話路線を進めようとするティラーソン長官を嘲笑したトランプ大統領という点に着目する。そして、「ティラーソン長官＝国際協調派→失脚」という構図を描いた報道を続ける。

そこに、急激に北朝鮮との対話に舵を切り始めたトランプ政権の動きに歯止めをかけたい日本政府の思惑が有った……と見るのは、深読みかもしれない。ただ、マスメディアもその日本政府の北朝鮮強硬政策に沿った形で報道していたことは既に説明した通りだ。このままトランプ政権が対話路線を推し進めると、これまでの報道との整合性が問われる事態ともなる。それは避けたいと考えたとしても不思議ではない。

つまり国際協調派の長官を解任して強硬派の長官が誕生することで、トランプ政権が北朝鮮に対して強硬的であることを更に鮮明な形で解説することができる。日本政府としても、言行不一致に陥らないためにはアメリカが強硬派でいてくれた方が助かるということだ。

その結果、国際協調派の国務長官が解任され、その後任に強硬派のＣＩＡ長官が就任という一見わかりやすいニュースが流れることになる。

これについてはどこのメディアと名指しする必要はない。凡そのメディアが伝えていた。ところが、その後、そもそも米朝首脳会談のアメリカ側で交渉役を担っていたのはＣＩＡだったことが明らかになる。ティラーソン国務長官の解任を国際協調派VS強硬派とした構図自体が、何の意味も無かったということだ。しかし日本のメディアでそれを総括したところを私は知らない。

●「○○筋によると」報道の問題点

こうした国際報道の中で、常に出てくる言葉に、「政府関係者によると」とか「関係筋によると」というものがある。

例えば、日米関係の報道でよく使われる情報源の表示に、「日米関係筋」というのがある。これは、情報源が特定されることで情報源を危険にさらすことがないように特例として認められる表記だが、実際には極めて安易に使われている。この「日米関係筋」がどれくらいの立場の人で何の理由で情報源になっているかといった基礎情報は当然の様に書かれていない。はたしてこの情報源が日本側なのか、アメリカ側なのかさえ不明だ。

例えば、２０１７年8月に北朝鮮が太平洋に大陸間弾道弾を着弾させた直後、ＴＢＳはワシントン支局からの中継で、「日米政府筋は強い衝撃を受けている」と報じている。この中継コメントの前には衝撃を受けた日本政府が対応を協議する内容が伝えられており、これによって日米両政府がともに強い衝撃を受けて対応しているというイメージを伝えるものとなっている。

ここでメディア関係者には半ば常識となっている事実を書かねばならない。ワシントン発のニュースで「日米政府筋」と伝えた場合、それはワシントンにある日本大使館を指すことが多い。勿論、このＴＢＳ報道が何を根拠にしているかはわからない。しかし仮に「半ば常識」を当てはめるとすると、日本政府とともに「強い衝撃」を受けたのは日本政府の出先機関ということになる。つまり、日本政府が「衝撃を受けている」というニュースを太平洋の両岸で伝えただけの話となる。これは推測でしかないので、「仮に」と断っておくが、「仮に」そうだとすれば、このニュースは事実を伝える報道とは言い難い。

２０１８年3月24日の朝日新聞の記事、「米安保の要　強硬派ボルトン氏」の記事も似たケースだろう。これは、マクマスター大統領補佐官（国家安全保障担当）を解任してボルトン元国連大使を抜擢したことで、「対北朝鮮の交渉で譲歩しない姿勢を示した形だ」としたものだが、そこに「ワシントンの軍事筋」という情報源が登場し、「（北朝鮮に対する）軍事行動に向けた動きを加速させるのでは」との観測を語っている。

では、この「軍事筋」とはどんな存在なのだろうか。仮にこれがアメリカ国防総省の担当者が語った言葉ならば、こういう表現にはならない。可能性は大きく見て2パターンある。1つはアメリカ側の人間で、シンクタンクなどに在籍する米軍の元高官。もう1つは、ワシントンの日本大使館駐在武官室の人物か、或いは、第三国の武官かもしれない。何れの場合でも、記事の信ぴょう性を担保するには、もう少し正確な表記が必要だろう。

米朝首脳会談の後の2018年6月15日の朝日新聞には、「首相、日朝会談調整を指示」と題して次の様な記事が掲載されている。

「韓国情報関係筋によると、トランプ氏は（6月）12日の米朝首脳会談で、北朝鮮の金正恩委員長に『日本とも対話すべきだ』と強く促した。正恩氏も『日本とも対話を進めたい』と応じ、拉致問題は『解決済み』との従来の主張はしなかったという。安倍政権幹部によると、トランプ氏は同日、首相との電話協議で『正恩氏は拉致問題に関する日本との対話にオープンな姿勢を示した』と説明」

「韓国情報関係筋」、「安倍政権幹部」など、何れも明確とは言い難い情報源だ。そして、何れの情報も、その後の経緯を見ると、はたして事実だったかどうか、怪しい。

ここでもTBSと朝日新聞を例に出したが、状況は他社も変わらない。新聞、通信、テレビを問わず他のメディアでもこうした「関係者」や「筋」を使った情報源の表示が国際報道では横行している。氾濫と言っても良い状態だ。

こうした情報源を明示していないに等しい報道がまともな報道と言えるのだろうか。結果的に、こうした安易な情報源の表示が、事実よりも思い込みを重視した報道につながっていないか、検証が必要だ。

●事実に基づかない報道は政権追従となりかねない

そしてもっとも憂慮されるのは、その結果として、情報をちらつかせて接触する権力に対して脆弱な報道が蔓延することだ。既にその兆候は出始めている。

例えば、フジテレビは2018年3月9日に「電撃的に発表された米朝首脳会談。トランプ大統領がこの決断に至る過程で、日本政府が主導的役割を果たしてきたことがわかってきた」とするニュースを流している。

「今回の米朝首脳会談に至る過程で、日本が蚊帳の外に置かれていると懸念する声も出ているが、首相官邸を取材している、フジテレビ政治部の●●記者（記事中は実名）はこれを否定する。政治部　官邸担当・●●記者は「今回の米朝会談へという流れは、実は、日本政府のシナリオ通りでもある。日本が主導して、アメリカと韓国を動かして、圧力を強めてきたという経緯がある。日本政府は、1カ月以上前から、北朝鮮が折れてくると読んでいて、平昌オリンピック後に、トランプ大統領と安倍首相が、事前に直接会談するということは、すでに決まっていた。トランプ大統領の方から、安倍首相に『グッドニュースがある』と伝えてきたのをみると、2人がこうしたシナリオを共有していたとみることもできる。日本としては、今後もアメリカに積極的に働きかけて、拉致問題の進展にも結びつけることを狙っている」と話した。実際、安倍首相は、これまで「圧力を最大限まで高め、北朝鮮の側から『政策を変えるから対話をしてほしい』と言ってくるような状況を作っていかなくてはならない」と話していて、まさにその通りになったとも言える」

このニュースにいたっては、自分の社の記者が語っているというだけの内容で、これはジャーナリズムの常識から考えたらニュースではない。「日本が主導して、アメリカと韓国を動かして、（北朝鮮への）圧力を強めてきたという経緯がある」というほど、日本が韓米に影響力を行使できる立場かも疑問だ。また仮にそうした取り組みを日本がしてきたとして、それが米朝首脳会談を行うというトランプ大統領の決断にどうつながるのかも、この記事からは何もわからない。

先ずは、記者がどういう立場の人間から情報を得てそれを確認したのかを明らかにしなければならない。また、仮に、日本側の確認が取れたとしても、「トランプ大統領の決断」と言う以上、アメリカ政府の確認も必要だ。しかしニュースのどこにも、そうした取材をした形跡はない。率直に言って、思い込みだけで書かれたニュースとしか思えない。更に言えば、この内容は政府の対応を弁護するものとなっており、政権へのお追従ととられても反論できない。

厳しい言い方をすると、トランプ大統領を、そしてトランプ政権を事実に基づいて正確に伝えていない日本の国際報道が、こうした政権の宣伝の様なニュースまで生んでしまう。報道各社は今一度、「関係者」といったあやふやな情報を排除して事実と向き合い、思い込みを排した情報の整理をするべきだ。

トランプ大統領と向き合う米メディアがニューヨーク・タイムズ紙やCNNを筆頭に、次々と「事実」の重要性を前面に打ち出している。それは読者、視聴者に向けられたメッセージであるとともに、実は自分たちに対する戒めだとも言える。簡単なことだ。事実に基づいた報道を心掛ける。そこからもう一度始めるべきだろう。

第三章
トランプ政権に「政策」は有るのか

日本の報道で最も違和感を覚えるのは、トランプ大統領に緻密な政策が有り、それを駆使して国内、国外の案件に対応しているかのように報じる点にある。本当にそうなのだろうか？

勿論、政策スタッフや各省庁の担当者は日夜、様々な問題について考えている。それは間違いない。問題はトランプ大統領だ。彼の考えに、歴代の大統領の様な一貫した政策が有るのかという点だ。「アメリカ第一主義（America First）」は選挙時からのキャッチフレーズだ。外交、貿易などあらゆる面でアメリカの利益を優先させるという主張だが、その具体的な政策は明確ではない。

国連の演説で、トランプ大統領は、「どの国にだって自国の利益を優先させる権利が有る」と語った。勿論、それに異を唱える国連加盟国は無いだろう。必要なのは、自国の利益を優先させるために何をするかという議論だ。そこの議論が尽くされているのだろうか。それを考えるために、政権発足前からの100日間について時系列で状況を見ていきたい。

第一節　2017年1月

●ニューヨーク・タイムズ紙の指摘

２０１７年1月15日のニューヨーク・タイムズ紙が興味深い記事を載せていた。日曜版のほぼ1ページを使ったその記事のタイトルは「アメリカは同盟国と海外での利益を守ることで何を得ているのか」。

あと5日でトランプ大統領が誕生するタイミングだ。記事では、各地域ごとの状況、アメリカが行っていること、その見返りとしてアメリカが得ているものを、図を入れてわかりやすく説明している。

このうちアジアについては、米中間の貿易額が５９９０億ドルと中国がＥＵ圏に次いで2番目に大きな貿易相手国であること、日本が１９４０億ドルと5番目、韓国が１１５０億ドルでそれに続いていることが紹介されている。

特にアジアについては北東アジアと東南アジアに分けて解説。このうち北東アジアについては、日本に米兵４万５０００人が駐留し第七艦隊が基地をおいていること、韓国に米兵2万８５００人が駐留していること、アメリカは日韓を防衛する義務を負っていることが書かれている。

そして、アメリカがその見返りに得ている点については、中国と北朝鮮に近い場所に基地を得られていることとし、日本政府が駐留経費の75％を負担しており、その額は年間で44億ドルにのぼることが書かれている。

因みに、駐留経費の負担については各国の状況が記されている。韓国政府は40％で8億4300万ドルを、イタリア、ドイツに米軍が駐留する欧州では両国政府が駐留経費の34％、25億ドルを負担していると書かれている。

この記事を掲載した理由についてニューヨーク・タイムズ紙は、トランプ次期大統領が同盟国を防衛することについて疑問を投げかけているためにまとめたとしている。

ニューヨーク・タイムズ紙は、マスコミ批判を繰り返して当選したトランプ氏が真っ先に訪問して編集幹部と意見交換をしたアメリカの有力紙だ。

大統領選挙前からトランプ陣営の問題を追及してきたマザージョーンズ誌のラス・チョーマ記者は、「ニューヨーク・タイムズの読者を想定しているとは思えないほどわかりやすい書き方をしているのを見ると、恐らく次期大統領に向けて書いたのだろう。この期に及んでトンチンカンな発言を繰り返す彼に、『恥ずかしいから勉強しろ』と苦言を呈したんじゃないか」と話した。

トランプ大統領は過去に公職に就いた経験がない。このため、大統領へのマスメディアの対応も、チョーマ記者の言う「恥ずかしいから勉強しろ」といった冷めた見方が支配的だった……当初は。しかし間を置かず、その印象は、「本当に、この大統領は大丈夫なのか？」という疑問に変わっていく。

●テロ対策とされた大統領令はまともな政策だったのか？

その始まりは、大統領就任直後に発した大統領令だった。この大統領令は、イラン、イラク、シリア、イエメン、リビア、スーダン、ソマリアの７か国からの難民などの入国を一定期間禁じるとしていた。

これについては、テロ対策として当然の対応だと評価する声も有った。ただ、各地で人種差別だとして抗議行動が起きており、連邦議会では、国籍によって移民の入国を差別することを禁じた１９６５年の移民国籍法に違反するとして、大統領令の撤回を求める動きも出た。

しかしこの段階では､その違法性云々は別として､トランプ大統領がアメリカを守るために行った政策だと多くの人が思っていた。

こうした中、主要メディアが一斉にこの大統領令の別の側面を報じ始める。ワシントン・ポスト紙は1月30日の紙面で、２００１年の「９・11」以降にアメリカで起きたテロ活動に関わった人物の国籍を掲載。それによると、サウジアラビアが15人、アラブ首長国連邦とエジプトが2人、レバノン、クウェート、キルギスタン、パキスタンが1人などとなっていて、今回制限対象となっている7か国とテロとの関係を示す記録は無いとしている。

このうちサウジアラビア、アラブ首長国連邦、エジプトは、トランプ大統領がホテル事業などを展開していることが知られている。ニューヨーク・タイムズ紙は、大統領令が制限対象とした国は何れもトランプ大統領がビジネスを行っていない国と報じている。

つまり「アメリカ第一主義」を前面に打ち出すトランプ大統領の政策に多くの人が熱狂したことは間違いないが、政策を冷静に見ているジャーナリストや研究者からは大統領の就任10日目には早くも疑問の声が出始めていたのだ。はたしてこの大統領の政策は、アメリカの利益のためのものなのか、それとも大統領自身の利益のためなのか。その議論に結論は出ていないが、少なくともその議論は大きくなることは有っても、小さくなる状況ではない。

第二節　2017年2月

●キャロライン・ケネディー前駐日大使が語った懸念

特に外交政策についての疑問を明確な形で語った1人が、オバマ政権下で駐日大使を務めたキャロライン・ケネディー氏だ。

2月3日、NBCテレビのニュース番組「TODAY」に出演し、全てにアメリカが優先するというトランプ大統領の外交政策について「憂慮している」と話している。

トランプ大統領はオバマ政権下で任命された政府高官の総入れ替えを主張しており、各国に駐在する大使についても自身の就任式前に離任するよう指示していた。

ケネディー氏はその指示に従ってアメリカに帰国し、このテレビ出演となった。今も女性を中心に根強い人気を持つジョン・F・ケネディーの娘である彼女は、アメリカでも人気者だ。

キャスターの質問に、日本での経験が外交官としての自分を育ててくれたと話した。この中で、キャスターから、トランプ大統領が在日米軍の負担を日本側に求めることについてどう思うかと問われ、「日本は既に駐留経費の70％を負担している」と述べて、批判が的外れだとの認識を示した。

また、「アメリカ第一主義」という考え方が外交の場でどう見られるのかと問われ、次のように話した。

「日本や韓国がアメリカの安全保障に多大な貢献をしていることについて、またオーストラリアがアメリカと一緒に戦っていることについて、それを当然視したり、辱めたりすることを憂慮します。私としては、大統領が、アジア太平洋地域の同盟国、友人とともに行動することがアメリカの利益であることに気づいてくれることを望みます」

●「1つだけ確かなことは、何1つ確かでないこと」

こうした報道に接した私は、アメリカン大学の教授陣や同僚の研究員ら、それに友人のアメリカ人ジャーナリストに意見を求めた。

その1人が公共放送NPRのデスクであることは既に書いている。彼には何度となく、トランプ大統領に政策は有るのか?アメリカ第一主義はどういう政策になるのか?と問うてきた。彼がこの時期に言った言葉がある。

「この大統領には一つだけ確かなことが有る。それは何1つ確かではないことだ」

これは後に、多くの人から聞くことになるのだが、政策1つとっても、はたして何を狙ってのものか？どれだけ長い時間をかけて議論をしたのか？それらについて考えても何もわからないという。

とは言うもののまだ2月だ。大統領に就任して1か月にもならないこの段階で、こうした言われ方は厳しすぎると感じる人も多いかもしれない。確かに、アメリカの大統領でも最初の100日はハネムーン時期と呼ばれ、大統領に厳しい対応はとらないことが不文律となっている。

一方で、当選した「次期大統領」は当選直後には、自らの考える理念や政策などを国民に語り掛けることになっている。ところが、トランプ大統領はそれをやっていない。だから、「アメリカ第一」を礼賛する立場の人でない限りは、どうしてもこの大統領に懐疑的になる点は仕方ないとも言える。

●日本では知られていない水面下での北朝鮮との対話

この大統領はいったい何をするのか？　そうした疑問の声が出始めたのは前述の通り就任から1か月の2017年2月中旬だった。ところがこの時期、その後、世界が注目する動きが実は水面下で進んでいたことが明らかになる。

北朝鮮の高官をアメリカに招く準備が進められていたのだ。準備を進めていたのはＮＣＡＦＰという非営利団体。正式にはNational Committee on American Foreign Policyと称するこの団体は、政府から独立したシンクタンクだが、北朝鮮問題や中台問題に積極的に関わっており、特に北朝鮮との関係で独自の人脈を持っていることで知られている。政府からは独立しているものの、共和党に近いという指摘も有り、「独立」と言って良いか微妙だ。

国務省はこの招聘に表向きは関与していないとされるが、ビザの手続きを進めているのは国務省であり、全く関与していないとまでは言えない。

非公式とは言え、アメリカ国内で米朝の協議が行われるのは、２０１１年以来となる。これまではマレーシア、スイス、モンゴルなどで行われてきた。

国務省時代にアジア各地での勤務経験が有るアメリカの元外交官は、驚きを隠さなかった。

「国務省は極めて厳しい内部ルールをもって動いている。特に、国交の無く敵対的な国である北朝鮮の側との接触については厳しいルールがあり、第三国での接触でさえ制限が有る。ましてや、アメリカ本土においての接触は極めて大きな決定となる」

そして、これはトランプ大統領の意を受けたものだとの見方を示した。

「民主主義を声高に叫ばないアメリカの大統領ということで北朝鮮側も接触しやすいのかもし

れない。トランプ大統領としても、無法国家を手なずけることで実績を示せるという期待が有るのだろう。国務省としては本音を言えば、対応に苦慮しているといったところだろう。良くも悪くも、我々のような官僚制度で生きてきた人間には、トランプ大統領の動きは読めない」

しかし、結局、この動きはとん挫する。北朝鮮外交官へのビザの発給が取り止めとなったからだ。ニューヨーク・タイムズ紙が2月25日に報じた。

記事によると、北朝鮮外交官へのビザの発給は前日の24日の段階で国務省から了承が出ていたということで、ニューヨーク・タイムズ紙は、突然の取り消しになったとしている。訪米が予定されていた北朝鮮高官は6人で、受け入れ先のNCAFPにビザが発給されるとの連絡が国務省から24日の朝には入っていたものの、その数時間後に発給の取りやめが通知されたという。

NCAFPには私自身、アプローチを試みたが、全く対応はなかった。政権の意を受けての動きだとすればそれも理解できる。

後の2018年6月12日に北朝鮮の金正恩委員長との首脳会談を実現するトランプ大統領。前述した通り、私は2017年8月30日に毎日放送「ちちんぷいぷい」に出演した際に、「米朝首脳会談はあり得る」と話しているのだが、それはこうした米朝接触に向けた動きを知っていたからだ。ただ、トランプ大統領がなぜ北朝鮮問題に関心を持ったのかは不明だ。トランプ大統領に言わせれば、「北朝鮮の核の脅威からアメリカを、否、世界を守ろうと思った」ということになるのだろうが、今のところ、それ以外の答えを見出すことはできない。

第三節　2017年3月

●機能不全に陥った国務省

3月に入ると、そのアメリカの外交の舵取りを担う国務省の対応が注目を浴びることになる。勿論、それは良い方向で、ではない。後に解任されるレックス・ティラーソン国務長官について、「いったい、彼は何をしているのか?」との疑問の声が方々から出てくる。日程をこなしていないわけではない。トランプ政権が「安保タダ乗り」と批判した欧州を訪問し、国境線の壁をめぐる対立を抱えているメキシコ訪問も行った。このうちメキシコ訪問は壁の費用負担に反発したメキシコ大統領が訪米をキャンセルした為に行われたもので、大統領の尻拭いに近い。国務省の存在がほとんど見えない異例の状態だ。

そもそも国務省からの発信がほとんど無い状態だ。国務長官の国務省内での定例会見もこの段階では一度も開かれていなかった。国務省の取材経験も有る公共放送ＮＰＲのデスクは次の様に話した。

「国務長官の会見というのは世界中が注目する内容なのだが、それが一度も開かれていないというのは異常だ」

3月3日のワシントン・ポスト紙は更に批判のトーンを上げている。

「ロシア、エジプトの首脳との会談内容が、国務省から出てこずに、相手国が地元のメディアに語って明らかになるという状態だ」

こう書いて、アメリカと比べて報道の自由が認められていない国の方が情報を出していると皮肉っている。

前出のアメリカ人元外交官を訪ねて意見をきいた。ティラーソン長官は、なぜこういう対応をとるのだろうか？

「トランプ政権は外交をホワイトハウスで行おうとしている感じだ。国務省には自分の尻拭いだけさせる」

外交を自分でやるということか？

「そう考えていると見える。しかしそうなると、外交が国内政治の延長で行われる可能性が高い。また、トップ、つまり大統領の思いつきや思い込みで外交政策が立案される恐れが有る。詳しくはわからないが、先の北朝鮮外交官へのビザの発給もそうではないかと思う。そもそも、あのタイミングでビザを出すという判断をするのもおかしいし、出すと決めた後に判断を変えるのも外交上は極めてマイナスだ。外交の鉄則は継続性だ。それを国務省は常にやっているわけで、今のままだと混乱しか生じないのではないか」

その上で、日米関係についても警鐘を鳴らした。

「先の首脳会談を受けて日本側は日米関係は良好だと考えているかもしれない。しかしホワイトハウス主導の外交となると、大統領が世論を見て政策をうつ恐れが有るので、世論の動向次第でどうなるかわからない。例えば、世論が政権に批判的になってきたとしよう。そうすれば、目先を変えるためにターゲットを探すことは十分あり得る。そのターゲットが日本になることだって考えられる」

この国務省ＯＢの懸念はその後のトランプ政権の政策を見ると、慧眼と言って良いかもしれない。事実は彼が指摘したようになっている。

●オバマ政権の否定がトランプ政権の政策

なぜトランプ大統領がホワイトハウス主導の外交をしようとするのか？　なぜ北朝鮮問題に積極的になったのか？　これを考える上で、当時、言われ始めた言葉が有る。それは、「トランプはオバマのやらなかったことをやる」というものだ。

勿論、前政権を批判して誕生したトランプ政権故に、前政権の政策を批判し、修正することは予想の範囲だ。その典型が医療保険制度オバマケアの廃止ないし修正だろう。このオバマケアの廃止については身内の共和党からも造反が出て２０１９年初頭の現在では実現していないが、それ以外のいくつかの政策については破棄している。

その１つが温暖化の防止に向けて世界各国が協力するとしたパリ協定からの脱退だ。脱退を正式に決める前に、トランプ政権はその方向性を世界に示している。次会計年度（２０１８年10月開始）の予算についての指針だ。ここで、トランプ大統領は、世界に温暖化の警鐘を鳴らしてきた政府機関の予算を大幅に削減することを表明した。

日本でもノアの名称で知られるＮＯＡＡ（米海洋大気局）の予算も一挙に17％削減されるという。ＮＯＡＡは大気や海面の温度変化を観測しており、計測結果から世界の年平均気温が毎年過去最高を記録していることを発表してきた。こうした活動が各国の温暖化の防止の取り組みを後押ししてきた。２割近い予算の削減で、今後の活動は大幅な縮小が避けられない情勢だ。

また、ＥＰＡ（米環境保護庁）は、油田やガス田で大気に排出されるメタンガスの量を報告するよう企業に求めた規制を取りやめることを発表した。メタンガスは温暖化の原因とされる温室効果ガスの１つ。規制は、オバマ政権が温暖化防止の取り組みの１つとして導入した。

ＥＰＡはオバマ政権下で温暖化防止の取り組みの旗振り役だった。しかし、環境対策のための規制が企業の経営環境を圧迫していると主張してきたスコット・プルイット氏が長官（後に辞任）に就任したことで、今後、更にＥＰＡの温暖化防止の取り組みは後退せざるを得ない。

●トランプ政権の予算案

アメリカの予算は日本とは異なり議会が作成する。しかし、その叩き台となる予算案は政権側が示す。つまり予算案はトランプ大統領の考え方を如実に表している。

その予算案について少し見てみたい。２０１７年10月から始まる次会計年度の予算案だ。メキシコ国境に壁を建設するための関連経費として29億ドル、日本円にして３０００億円余りを計上している。この中には、不法入国者摘発のためのＩＣＥ（入国税関捜査局）捜査員を１０００人増員する予算なども含まれていた。ある意味、この排外的な移民政策はトランプ政権にとって「１丁目１番地」と言って良い。

実際、この政策がトランプ支持者の支持の根源にあると見るジャーナリストは少なくない。公共ラジオ（ＷＡＭＵ）の記者で移民問題の報道でエミー賞を受賞しているアルマンド・トゥルール記者は、「南の国境から恐ろしい奴らがこの国を乗っ取りに来る。そいつらは仕事も、平和も安定もすべて奪うと恐怖を煽り、それを食い止めることができるのは俺だとアピールするのがトランプ政治だ」と語っている。

つまり、「アメリカ国民を守るのは自分だ」と言うことだ。ところが、それに疑問を感じる点も垣間見える。

予算案では、地震やハリケーンなどの災害対策を取り仕切るＦＥＭＡ（連邦緊急事態管理庁）の予算を11％削減している他、海難救助や洋上での密輸や密入国対策を担当する沿岸警備隊の予算も14％削減する。また、交通機関の安全管理を行うＴＳＡ（国土安全保障省の部局）も11％削減され、これによって9・11の教訓から導入されていたパイロットへのテロ対策訓練なども取りやめになるという。

予算案は、国境警備とサイバーセキュリティーを最重点に策定されたとしているが、移民に対処する為に様々な対策が縮小される結果となっていることがわかる。

特に、ＦＥＭＡは各州の災害対策への支援も行ってきており、予算削減の影響は大きいと見られる。また、沿岸警備隊の予算削減によって、水際のテロ対策を担ってきたテロ対策チームの活動が休止になるという。皮肉なことに、その後、これが仇となって各地で起きた災害で多くの犠牲者を出したことが指摘されることになる。

トランプ大統領の予算案は一言で言えば、国防と国境警備以外の全ての予算を削減し、浮いた部分を全てその2点に振り分けるというものだ。これは確かに、強いアメリカの復活というスローガンに呼応する。しかし、政策とは、それによって何を実現するかを示して初めて成立する。トランプ大統領はこれによって「最強の米軍を作る」とか「空母機動部隊を増やす」との発言を繰り返した。また、退役軍人への補償も手厚くすると言った。しかし、それによって何がどうなるのか？　明確な説明はされなかった。

●予算30％の削減の国務省

その無計画振りは直ぐに露呈する。予算案は前述の通り、議会で議論されて正式な予算となる。政権発足から2か月余りの3月28日、議会では国務省の予算について議論が行われていた。トランプ大統領の示した予算案では、国務省の予算は30％削減することになっている。前述の通り、アメリカでは予算は議会が作る。ただ、政権の提出した予算案を叩き台にするので、そこから大きく動くことは考えにくい。

議会には、参考人として外交のエキスパートが呼ばれていた。フーバー研究所のステファン・クラスナー氏、シンクタンクＡＥＩのダニエル・プレトカ氏、そして元国務次官でハーバード大学教授のニコラス・バーンズ氏。

議員から矢継ぎ早に質問が出る。

「この予算削減案は、国務省の活動にどういう影響を与えるのか？」「この予算を削減するとアメリカの国際社会での影響力はどうなるのか？」

3人の答えは同じだった。異口同音に、この予算削減によって国務省は機能の低下を招き、それはアメリカの国際社会での立場を著しく損なうものになるだろうなどと話したという。

当然、こうした事態は国務省トップのティラーソン長官も予想していた筈だ。

ワシントン・ポスト紙の3月31日付の記事によると、ティラーソン長官は予算案について議員から「こんなに予算を削減して本当に大丈夫なのか？」と問われ、明らかに不安を共有していたという。しかし、議員によると、ティラーソン長官は結局、不安を共有しただけで終わったという。

後に、大統領を「moron（能なし）」呼ばわりしたことをきっかけに解任されるティラーソン長官だが、こうして見ると、かなり早い時期から大統領に違和感を覚えていたように思える。

第四節　２０１７年４月

●突然のシリア空爆の裏に米情報機関の秘策

4月13日、米軍はシリアに巡航ミサイルを打ち込む。これはシリア内戦には介入しないとしていたそれまでのトランプ大統領の主張とは真逆の対応だった。

では、それはどのように決定されたのか？　その裏には側近たちの大統領に対する特別な対応が有ったと、ワシントン・ポスト紙が4月8日に報じている。

記事によると、トランプ大統領は化学兵器による攻撃で被害を受けたシリア人の写真を見て心を動かされたという。特に、ぐったりした子供たちが神経性の物質を落とすために水をかけられている写真と、悲しみにくれた父親が白い布に覆われた双子の幼児を抱いた写真の2枚に衝撃を受けたという。

側近の1人は、「その姿は、最高司令官であると同時に、子を持つ父であり、孫を持つ祖父のそれだった」と語ったという。

しかし、話はそこで終わらない。

トランプ大統領は会社経営時から、長い文書による報告には目を通さないことで有名だった。部下が束になった書類を持ってくると不機嫌になり、「手短に説明できない報告をするな」と怒鳴ったという逸話もある。

そこで、政権発足後、トランプ大統領の側近らはある対応を決めたのだという。ワシントン・ポスト紙によると、それは、「大統領に説明する際は、文章は極めて短く簡潔に、そしてなるべくグラフィックと写真を使う」というものだったという。そして、今回もその手法がとられたのだという。

側近がシリア空爆にトランプ大統領を誘導したということではないが、結果的に、側近らが用意した写真がトランプ大統領の心を動かす結果となったことは間違いない。

トランプ大統領はこれまでシリアのアサド政権に厳しく対処するオバマ政権に対して否定的な発言を繰り返してきた。ニューヨーク・タイムズ紙によると、オバマ大統領との会談でもアサド政権を敵対視することに意味はないと発言していたという。

このシリア空爆を命じたトランプ大統領の対応から、この政権の異常な状況が明らかになる。実は、トランプ大統領に毎日行われる情報機関などからの情勢説明と分析の説明は、歴代大統領に比べて圧倒的に少なく、複数の見方を排除する形で行われているというのだ。

米大統領が軍事行動などを判断する際の重要な基準となる情報機関などの説明は、その頭文字からPDB（President Daily Briefing）と呼ばれていて、毎日行われている。そこでは、国家情報長官、CIA長官、FBI長官、NSI長官ら情報機関のトップらから世界の様々な情勢やそれについての情報機関の分析が大統領に伝えられる。

世界の軍事、外交、経済にとって最も重要な会議の場の1つと言って良いかもしれない。ところが、この会議の場がトランプ政権になってこれまでと変わったという。

マザージョーンズ誌が調べたところ、トランプ大統領になってからPDBの説明に新たな決まりができていたことがわかったという。PDBの新たな決まりを記したガイドラインを入手して分析した結果だとのこと。

記事によると、新たな決まりでは、大統領への説明は極めて簡潔に書くことになっており、報告すべき情報を短く記すとともに、それについての分析を簡潔に記すとなっている。そして、議論が分かれるものや分析結果が相矛盾する場合でも、絶対に複数の見解を記さないという。このため、記事は、「反対意見や複数の相反する分析などが示されていない可能性が高い」と懸念を示している。

その結果、トランプ大統領への説明は歴代大統領に比べて圧倒的に分量が少なく、オバマ大統領への説明の4分の1程度となっているという。

●早くから対北朝鮮強硬策は排除されていた

2017年4月、日本と韓国を訪れたマイク・ペンス副大統領は、「もう戦略的忍耐の時期は過ぎた」と述べた上で、「あらゆる選択肢がある」と軍事的な選択肢が検討されていることを示唆した。日本の報道で、トランプ政権が北朝鮮に対して軍事的な選択を選ぶ可能性が高いという報道が幅を利かすのはこの頃からと思われるが、現実には米政府は既に北朝鮮を先制攻撃するといった選択肢を排除していたとみられる。ワシントン・ポスト紙が4月19日、これまでの取材を総括する形で報じている。

記事は、「米政府の（北朝鮮に対する）厳しい言葉が軍事行動を起こすかのような誤った印象を与えた」と題して一連の北朝鮮情勢を振り返る形で書かれており、トランプ政権が北朝鮮に核を放棄させることを目指した外交努力に重点を置く方向に舵を切ったと伝えている。

そして、この数週間のトランプ政権から発せられた発言について、「厳しい言葉が北朝鮮の暴走を止める効果を持つと（トランプ政権が当初）期待していたこと」と、「北朝鮮に対する有効な対策が無いという現実」を浮かび上がらせただけだったと指摘した。

記事は、トランプ政権の今後の北朝鮮政策について、外交努力で圧力をかけて核保有を放棄させるオバマ政権時代の政策の延長上の内容になると記している。

一時期は、米メディアでも緊張を煽るような内容の報道が目立ったが、この頃になると、各社、冷静な報道になっている。

ニューヨーク・タイムズ紙は4月19日、北朝鮮に核の放棄をさせるには、体制を脅かすような軍事力の行使を示唆するのではなく、平和的な共存を前提とした外交努力を行うしかないとするコラムを掲載した。

コラムを執筆したのはアメリカ国務省で北朝鮮政策を担ってきたジョエル・ウイット氏。この中でウイット氏は、北朝鮮政府は、リビアのカダフィ政権の崩壊を見て米軍の軍事的な脅威から体制を守るために核開発を進めてきたと説明し、米政府が軍事力の行使を示唆して圧力をかけようとしても、それによって核を放棄することは考えられないと指摘。北朝鮮が核を放棄する環境を作り出すしか現実的な選択はないとして、トランプ政権に対して、早期に国連などを通じて北朝鮮の外交当局と交渉を開始するよう求めた。

実に皮肉なことだが、日本でトランプ政権の北朝鮮強硬政策がクローズアップされ始めた頃、実はアメリカでは逆に慎重な議論が起き始め、実際にトランプ政権の政策もその方向で動き始めたと考えられる。

そして帰国後の私は、「不思議の国のアリス」のような錯覚を覚えることになる。

●日米安保で日本の負担増を要請していたトランプ政権

もう1つ、当時の報道を紹介しておきたい。

4月24日、ワシントン・ポスト紙は「マイク・ペンス副大統領が日本を訪問した際に、日米安保体制における日本の役割や負担増について話し合いが行われていた」とする記事を掲載した。

記事はペンス副大統領とともに日本を訪れた同紙のコラムニスト、ジョシュ・ロギン氏が執筆。この中で、東京でペンス副大統領を取材した際に、副大統領が、トランプ政権は安倍総理が日本として独自に行うことを更に支援すると語った上で、次の様に話したという。

「トランプ大統領は日本のようにその能力を持った同盟国には共通の防衛のために更に大きな役割を担ってもらいたいし、そのための負担を更に担ってもらいたい。その考えは日本の一般の人々の考えと合致するものだ」

そして、ペンス副大統領は、安倍総理との会談の中で日本側の防衛費負担増について直接踏み込んだ話を行ったことを明らかにしたという。

ペンス副大統領は4月18日に日本で安倍総理と会談している。日本でもその際に、北朝鮮が脅威であること、さらに強固な日米同盟が重要であるとの認識でも一致したことなどが報じられている。しかし、ロギン氏の記事によると、実際には、日米防衛における日本側の負担増についてペンス副大統領から要請が有り、安倍総理もそれを肯定的に受け止めたことになっている。

記事によると、ペンス副大統領は麻生副総理との会談でも日米安保体制における日本側の負担増について議論をしていたということで、その際、麻生副総理は、日本は既にどの国よりも多くの負担をしていると応じたという。

記事は、安倍総理は北朝鮮や中国に対処できる攻撃力とミサイル防衛システムの整備を目指しており、その実現のための長期的な戦略を描いているとしている。その一方で、トランプ政権には長期的な外交戦略がないため、日米関係が今後どのような方向に進むのかは不透明だとしている。

ロギン氏に記事について問い合わせをメールでしたが、記事に書かれた以上の内容は語れないということだった。

アメリカの新聞では記者や論説委員とは別に、コラムニストを置いており、大学や研究機関などで専門的に研究した人物をあてている。コラムニストの記事は編集、論説から分離されており、独立している。ジョシュ・ロギン氏はニューズウィークやCNNで外交問題の分析を行ってきた。日本での留学経験もあり、日本の政治情勢についても詳しい。

ロギン氏のこの記事を後追いした日本のメディアは私が確認した範囲では見つからなかった。後に日本政府はイージス・アショアの配備やF35戦闘機の大量購入などを決めており、ロギン氏の報道を裏付ける形となっている。

彼は平昌オリンピックが終わった直後にペンス副大統領の「北朝鮮と前提条件なしで交渉する余地が有る」という言葉を報じている。このニュースはNHKをはじめ各社が追っていた。

●北朝鮮政策が最重要課題となる

4月27日、トランプ大統領は、議会上下両院の全議員をホワイトハウスに招いて北朝鮮政策について説明している。マティス国防長官、ティラーソン国務長官のほか、軍、情報機関のトップも出席して現状と対策を説明。異例の対応だ。

内容は機密指定扱いを受けていて明らかにされていないが、ワシントン・ポスト紙は複数の出席者への取材に基づき、内容を報じている。それによると、トランプ政権として北朝鮮が極めて深刻な脅威となっているとの認識が示されたという。更に厳しい経済制裁を科すことや外交的圧力によって核を放棄させるという政策について説明が有ったという。

しかし、その政策には不透明な点が多く、議員の多くはトランプ政権が北朝鮮に対する具体的な対策をもっているか不透明だと認識したという。また、下院で説明を受けた民主党議員で、下院外交委員会の主要メンバーであるエリオット・エンガル議員によると、トランプ政権側から先制攻撃についての説明は一切無かったという。

北朝鮮政策についてトランプ政権は、オバマ政権時代の「戦略的な忍耐」は終わったとして、軍事力の行使を含めたすべての選択肢を検討すると繰り返し主張していた。前日の4月26日、議会下院の公聴会に呼ばれたハリー・ハリス米太平洋軍司令官は、「アメリカは（北朝鮮に対して）先制攻撃の様々な選択肢がある」と発言している。

しかし、トランプ政権の説明を受けた議員の多くは、先制攻撃と言う選択肢については否定的な印象を持ったという。

●空席が続く政権幹部

既述のように大統領就任からの100日は、「ハネムーン時期」とされ、この間はマスメディアも野党も大統領を厳しく追及せずに見守るのがアメリカ政治の伝統とされる。一方、大統領の側は、この100日間で、政権の骨格を決めることが求められている。

ところが、4月29日に就任から100日を迎えたトランプ大統領だが、各省庁の幹部の多くが空席という異例な事態が続いていた。

ワシントン・ポスト紙によると、トランプ大統領は政治任用の幹部について26人しか着任させておらず（2017年4月26日現在）、530人の重要ポストが空席のままとなっていた。この26

人に既に指名を終えて議会の承認を待っている段階の37人を足しても、オバマ大統領の就任1年目の同時期と比べると3分の1程度にしかならない。

政治任用ポストは長官と官僚機構との橋渡しを行う幹部のポストだけに、あまりに遅い手続きに対して、各省庁の長官の中には苛立ちを見せる人も出てきていたという。このうち内務省のライアン・ゼィンケ長官は公に不満を口にしているが、北朝鮮問題や中東問題で極めて重要な局面を迎えている国務省のレックス・ティラーソン長官や国防総省のジェームズ・マティス長官も、公には見せないものの、ワシントン・ポスト紙の取材では、不満を示す場面が見られたという。

トランプ政権の政治任用については、過去にトランプ大統領について否定的な見解を示した人物を排除するなどしているため、人選が思うように進まないという問題も指摘されてきた。マティス国防長官が選んだ部下も、過去の発言が問題視されて指名されなかったことが報じられている。中には、一度任命されて業務に就いたにも関わらず、その後に過去の発言が発覚して辞職させられたケースもある。

不思議なのは、この幹部職員の登用の遅れについて日本では妙な誤解が報じられている点だ。これは帰国後にある人気報道番組を見ていて驚かされたものだが、コメンテーターとして出演していた著名な外務省ＯＢが、「ティラーソン長官にも問題が有るのは、彼の所為で幹部職員の登用が遅れていることでも明らかだ」などと発言していた。これは勘違いだ。幹部職員の登用はトランプ大統領とホワイトハウスの決定事項であり、長官は候補者の推薦はできても、決定はできない。遅れの理由はトランプ大統領に有るというのが正しい。

第五節　就任100日以後

●揺れ続ける中東政策

2正面での戦争遂行能力を持たない米軍が朝鮮半島でどう動くかを見る上で、アメリカの中東政策を見ることは欠かせない。その中東政策でも、トランプ政権は揺れていた。

2017年5月9日、ワシントン・ポスト紙は、トランプ政権がアフガニスタンに派遣している米軍を増強する方向で検討していると報じている。記事によると、アフガニスタンに3000人規模の軍を派遣するとともに、オバマ政権時代に決めた戦場に出ないなどの制限を撤廃して自由に活動できるようにするという。これによってタリバンに軍事的な圧力をかけて、交渉の席につかせるのが狙いだという。

当時、アフガニスタンには８４００人の米軍が駐留しており、この増派によって現地に駐留する米軍兵力は1万人を超えることが予想された。また、活動地域の制限がなくなることで戦闘行為に参加する可能性が出てきたため、ワシントン・ポスト紙は、「これによって事実上、アメリカはタリバンとの戦争を再開することになる」としていた。

オバマ大統領はアフガニスタンでの戦争の終結を宣言している。このため、アフガニスタンに駐留する米軍も直接、戦闘には参加していない。

記事では、トランプ大統領が承認するかどうかは定かではないとしつつも、計画はトランプ大統領の「タリバンに勝たねばならない」という考え方に沿ったものだとしている。その後、この政策は了承されている。

●機密をロシアに提供したトランプ大統領

トランプ大統領のロシアに対する融和的な姿勢については、トランプ支持者の中にも懸念を示す人がいる。こうした中、トランプ大統領は身内の情報機関を驚かす事態を引き起こしている。

ワシントン・ポスト紙などが報じたところ、5月にホワイトハウスで開かれたロシアのラブロフ外相との会談で、ＩＳ（イスラム国）に関する最高機密に属する情報を提供したという。記事によると、情報は同盟国からもたらされたもので、他の同盟国とも共有しないことを前提に提供されている機密中の機密だったという。ＩＳへの取り組みで異なる政策をとっているロシア政府と共有されることで、今後のＩＳ対策が大きな打撃を受ける可能性が有るという与党・共和党の重鎮、マケイン上院議員が「事実を確認する必要があるが、事実であれば問題だ」と憂慮を示すなど、与党の間にも衝撃が走った。

国務省ＯＢの元外交官に意見を求めると、詳細は知らないとしつつも苦々しく次の様に言って電話を切った。

「憂慮していたことが起きたというのが率直なところだ。問題の情報とは、恐らくモサド（イスラエルの情報機関）からもたらされたものだろう。イスラエル政府は以前からトランプ政権のロシアへの接近に懸念を示しており、仮に情報がロシアに筒抜けになると考えたらもう情報は来ない。アメリカの安全保障上、モサドの情報は極めて重要で、仮にそうなれば極めて大きな問題となる」

この問題については、後に、トランプ大統領がその情報の重要性を認識していなかったということが報じられている。

●混迷する人事

トランプ政権に政策が有るのか？　有るとして、それは一貫性が有るのか？　それを考える上でも、首席補佐官の人事は重要だ。

2017年7月29日、トランプ大統領は突然、ラインス・プリーバス首席補佐官の後任に国土安全保障省のジョン・ケリー長官を就けることをツイートで明らかにする。

このポストは大統領の最側近で、政権の要でもあり、メディアで政権の政策について説明することもある。日本で言えば、官房長官的な役回りだ。それを半年で交代させるというのだ。CNNテレビは、プリーバス氏は首席補佐官として最も短い在任期間となり極めて異例の事態としている。

この後、プリーバス氏はCNNに出演し、自ら辞任を申し出たことを明らかにし、「解任」ではなく「辞任」だとした。

プリーバス氏については、新たにホワイトハウスの広報部長に就任したアンソニー・スカラムッチ氏が米誌ニューヨーカーのインタビューで口汚くののしったことで、その去就が注目されていた。

因みに、このスカラムッチ氏も間もなく、その傍若無人なふるまいが災いとなり辞任に追い込まれている。

ワシントン・ポスト紙でオバマ政権誕生時に政治担当デスクを務めたロバート・バーンズ記者はこうした状況について次の様に語った。

「トランプ政権が誕生して多くの人が、この政権の混乱は酷いと語ったが、過去においても、この国の大統領の交代時期というのは、多かれ少なかれ混乱を伴うものだと、私は努めて冷静に見ていた。しかし、こうした人事の混乱を見ていると、やはりトランプ政権は過去の政権とは異なると考えざるを得ない」

なぜ、こうした状況が生まれるのか？

「やはり準備不足は否めないだろう。人事が混乱するということは、そもそも、目指す方向性が明確でないということだ。普通は政策があって、その政策を遂行するためにこの人材を持ってくる、となる。しかし、トランプ政権の人事は気まぐれのように見える。そこに、理屈も見えない。プリーバスの首席補佐官就任にも無理が有ったとは思うが、では、なぜプリーバスを首席補佐官にしたのか？　それに誰も答えられない」

プリーバス氏は共和党全国委員会の委員長からホワイトハウス入りした。共和党の有力者であるライアン下院議長と近いことが知られている。このため、トランプ政権と共和党との関係が更に悪化するとの指摘も出た。

また、その当時、プリーバス氏と二人三脚で政権を支えてきたスティーブン・バノン主席戦略官も政権での発言力が弱まったとされていた。実際、バノン氏もその後、政権を去っている。

第六節　就任2年目

●ケリー首席補佐官の解任の背景

これまでに、トランプ政権の内幕を描いた本はいくつか出ている。その代表的な『炎と怒り』を読んでも、トランプ大統領に明確な外交方針が有ると思える記述はない。むしろ逆だろう。

そして、ウッドワード記者の著書『ＦＥＡＲ』が描いているのも、明確な政策を持たないトランプ大統領に振り回され、やがて心が離れていく側近達の姿だ。

この本の内容については既に翻訳（『恐怖の男』日本経済新聞社）も出ているので読まれた方も多いだろう。

その中に、首席補佐官のジョン・ケリー氏が会議で語ったという言葉が紹介されている。

「彼（トランプ大統領）は馬鹿野郎だ。彼に何かを説明するなんて意味が無い。常軌を逸している。我々はクレージータウンの中にいる。私は我々がなぜここにいるのかさえわからなくなる。これまででこんなにひどい仕事を経験したことはない」（筆者訳）

前述の通り、ケリー氏はトランプ大統領にとって2人目の首席補佐官だ。大統領就任2年で政権の要とも言える首席補佐官が2人目となり、その首席補佐官からこうした発言が出るというのが異例であることは言うまでも無いだろう。

そのケリー氏にしても、当初はトランプ大統領を高く評価していた。海兵隊大将だった彼は、トランプ大統領が大統領選挙の最中から訴えてきた国境警備を強化するために国土安全保障長官に任命された。

メキシコとアメリカとの国境に壁を作るとしてメキシコ政府に資金の拠出を求めたトランプ大統領の名代としてメキシコを訪れ、そこでトランプ大統領の要求を説明するなど、トランプ大統領の意を受けた強硬的な姿勢を見せていた。ケリー氏自身も国境警備の強化を主張するトランプ大統領の政策を賞賛しており、2人の関係は極めて良好だった。

その結果、ケリー氏は首席補佐官に抜擢される。ホワイトハウスの中枢のポストに就くに際して、ケリー氏はトランプ政権に秩序を持ち込むとの考えを示した。今から思えば、そうした発言に、トランプ大統領と衝突する芽が有ったのかもしれない。先ず着手しようとしたのは、トランプ大統領のツイートを管理することだった。

このトランプ大統領のツイートについては、トランプ支持者の間でも評判はよく無い。私自身がジョージア州やオハイオ州でトランプ支持者をまわって取材した際も、批判の声を聞いた。「大統領らしくない」「ツイートでの発信は控えるべきだ」というものだった。ケリー氏はツイートの内容をチェックする仕組みを作ると発言したのだが、実際にそうはなっていない。それがそもそも無理なのは、大統領のツイートが時に深夜に発せられることもあるからだ。

詳細は伝わってこないが、ケリー氏がツイートについて何かしら大統領に改善を求めたとすれば、それが大統領と首席補佐官の間に緊張関係を生じさせるきっかけになったとも考えられる。トランプ大統領がケリー氏に従った形跡は見られない。むしろ、ツイートはケリー氏が首席補佐官になって以降、乱発されている。

ウッドワード記者の本の発表から数か月後の2018年暮れ、ケリー首席補佐官の解任が報じられている。それがウッドワード記者の取材がきっかけなのかどうかはわからない。本の内容から推測するに、既にケリー氏は辞意を周辺に漏らしていた気もする。

NHKなど一部の日本のメディアはケリー氏の解任についてのニュースで、最近は活躍の場が無くなっていたとする説明を加えていた。違和感を覚えたのは、それによってあたかも解任された理由がケリー氏側に有るかのように受け止められかねないからだ。正しくは、トランプ大統領がケリー氏を遠ざけていた、だろう。その理由は、ホワイトハウスに秩序を持ち込もうとしたケリー首席補佐官を不快に感じたということだと思う。

●米韓同盟、日米同盟の重要性を説いたマティス長官

ウッドワード記者の著書では、外交面でもトランプ政権がただならぬ状態にあることが描かれている。中でも驚かされるのは、一貫してトランプ大統領を支えてきたジェームズ・マティス国防長官（当時）が何度も切れかかっているというエピソードだ。その1つに、米朝関係がある。

米韓の同盟の重要性を理解しようとせず、在韓米軍の撤退を平気で口にするトランプ大統領に

対して、マティス長官は次の様に説明したという。

　在韓米軍は北朝鮮の長距離弾道弾を7秒で解析する能力を持っているが、これをアラスカに展開している米軍に肩代わりさせたら、弾道弾の解析結果は発射から15分後になってしまう。

　つまり、仮に在韓米軍が撤退した後に北朝鮮が長距離弾道弾を発射した場合、解析が終わった時には手遅れという事態が生じると伝えたわけだ。それでもトランプ大統領は理解しなかったという。大統領と別れたマティス長官は側近に、「小学5年、6年の理解力しかない」と絶望的に語ったという。

　このエピソードは発売前にその内容がワシントン・ポスト紙に掲載された際、その記事を引用する形で世界に報じられたので知っている人も多いだろう。

　このマティス長官も2019年早々に政権を去った。この辞任について、マティス将軍に問題が有ったとする解説は困難だろう。軍人としての申し分のない実績に加えて、同盟国との関係を重視する冷静な判断は、野党、民主党からも高い評価を得ていた。捕虜への水攻めなどの拷問を是認しようとしたトランプ大統領に、それを翻意させたこともある。その際、トランプ大統領は、「マティス将軍の判断を尊重する」と語っていた。日米安全保障条約の在り方に異を唱えようとしたトランプ大統領にその重要性を説いたのもマティス長官だと言われている。

トランプ大統領は以前、マティス長官について、「民主党的なところがある」と批判したことがある。それを考えると、国防長官の解任の理由も、ケリー首席補佐官同様に、度重なる苦言を不快に感じたということだろう。

さすがにマティス長官の辞任劇について、マティス長官側に問題が有ったかのような報道は日本でもない。しかし、トランプ大統領の人事が極めて気まぐれな判断によってなされていることは、もう少し日本のマスメディアは伝えないといけない。

繰り返しになるが、トランプ大統領に対する認識や米朝関係についての日本の報道を、単に結果が違ったから批判するということではない。トランプ大統領の人事についても、アメリカのマスメディアの報道を引用することで、もう少し正確な報道はできる。根拠とは、常に独自のルートで確認できた内容である必要はないからだ。ニューヨーク・タイムズ紙やCNNテレビの報道を引用すれば、もう少し正確なトランプ大統領像、トランプ政権像を伝えることは可能だろう。

●マティス長官の辞表

アメリカの閣僚は大統領が候補者を指名するが、上院の承認が必要となる。その際、民主党は勿論だが共和党からも候補者に厳しい質問が出る。その受け答えを見て議会が判断するわけだ。

トランプ政権の候補者は教育について知識の無い人間が教育行政のトップに指名されるなど、多くの問題を抱えて、審議が長期化した。こうした中で、マティス将軍だけは議会の全幅の信頼を得て承認されている。その時、民主党の議員からは、「マティス将軍、あなただけが頼りです」との言葉も受けている。

そのマティス長官が辞任した衝撃は、日本に伝わっている以上に大きいし、1人の閣僚が交代するという程度の話では終わらない。

厳格な人柄と戦史研究家としても著名な軍人が、トランプ大統領をどう見ていたのかは知っておくべきだ。ここに、マティス長官のトランプ大統領に宛てた辞表を掲載する。私の訳であることは断っておく。

「親愛なる大統領閣下
26代目の国防長官として、我々の理念と市民を守るために、国防総省の仲間とともに仕えることができたことを感謝しています。

この2年間に国防戦略で明確にされたいくつかの重要な目的を達することができたのは私の誇りに思うところです。国防総省は予算の基盤も強化され、即応性や軍の攻撃力の強化を成し遂げ、軍の能力向上に資する様々な取り組みが改善されました。我々の部隊は、紛争に勝利しアメリカの国際社会での強固な影響力を維持するために必要な能力をこれからも提供し続けるでしょう。

私が常に持ち続けていた核心的な信条は、我々の国家としての強みは、我々だけが持つ包括的な同盟やパートナーシップの強さと密接に関係しているということです。

アメリカが自由主義世界の中で重要な役割を果たす中で、我々は強固な同盟を維持し、同盟国に敬意を表さなければ、我々の利益も守れず、自由主義世界の中でその役割を担うことはできないでしょう。

閣下と同様、私は当初から、米軍は世界の警察官の役割を担うべきではないと言ってきました。それよりも、我々は持てる全てのアメリカの力を使って、我々の同盟関係を正しい方向にリードすることなど、同盟国との共通の防衛を提供するべきだと話してきました。

ＮＡＴＯ加盟の29の民主国家は９・11のテロ後の対テロ戦争において我々とともに戦ってくれました。ＩＳとの戦闘に参加した74か国もその証明でしょう。

同様に、私たちは、私たちと戦略的な利害が衝突する度合が強まっている国々への対処について、断固とした明確なものであるべきです。

中国とロシアがそれらの独裁モデルとマッチするような世界を作ろうとしていることは間違いないでしょう。彼らは経済、外交、軍事において、周辺国やアメリカ、そしてアメリカの同盟国の犠牲の上に圧倒的な立場を得ようとしています。

それ故、我々はアメリカの持てる全ての力を我々の共通の防衛のために使わなければいけないのです。

私が同盟国に敬意をもって接すること、また敵対的な相手や競合する相手を冷静に観ることは、40年以上にわたるこれらの問題への取り組みから来るものです。

我々はあらゆることを駆使して、国際的な秩序を維持しなければならない。それが我々の安全保障と繁栄と価値を支える上で最も重要なのです。

閣下はこれらに対する閣下の考え方に私より合った国防長官を選ぶ権利が有りますから、私はこのポストから降りることが正しいと信じます。

私の任期は２０１９年2月28日まで有りますから、次期国防長官を任命し承認を得るまで、そして来る議会での予算審議や2月のＮＡＴＯ国防会議に向けて国防総省の目指す利益を適切且つ明確にするまでの十分な時間が有ります。

加えて、新たな国防長官への移行は、来年の9月に行われる統合参謀本部議長の交代よりかなり前に行われるので、国防総省の混乱を避けられることになります。

私は、アメリカ国民を守るために日夜、極めて重要な仕事に就いている215万の米軍人と73万2779人の国防総省の職員のために、この交代が遅滞なく行われるよう最善を尽くすことをお約束します。

私はこの国と軍務に就く全ての仲間に仕えるこの機会を得られたことにとても感謝しています」

混乱を回避するために2018年の暮れに辞表を出したマティス長官。しかしトランプ大統領は2019年1月1日に長官代行を決め、マティス長官の引き継ぎ業務を事実上、拒否している。

第七節　壁

最後に、トランプ大統領が打ち出した「壁」の話を書いておきたい。

トランプ大統領は選挙戦の公約として、メキシコとの国境に巨大な壁を作ると主張し、その費用はメキシコ政府に出させるとした。そして2018年11月6日に行われた中間選挙に際しても、その国境を目指す南米からのキャラバンを「侵略者」とののしり、攻撃の対象とした。又、2019年2月5日の一般教書演説でも多くの時間を使ってその必要性を強調している。

●検問所の町で

では、この「壁」とはいったい、何なのか？　私は2017年3月に壁が築かれる予定のテキサス州エル・パソを取材した。

朝6時。国境の検問所に行くと、大きなゲートの向こうからメキシコ人が列になってアメリカ側へ入国していた。

一緒に取材に入った公共放送WAMUのアルマンド・トゥルール記者が、「彼らはみな許可書を持っている。こっち（アメリカ側）で働いたり、学校へ行ったり。彼らは朝、普通に出勤し、そして夕方には帰っていく。何もおかしな話じゃない。それが国境の街を支えているんだ」と話した。

WAMUはNPR傘下のワシントン首都圏のラジオ局だ。トゥルール記者は自身もキューバからの移民2世だ。移民問題の報道でエミー賞を受賞しているベテラン記者だ。

彼の言う通りで、国境を渡ってくる集団の中には、小中学生もいる。子どもたちはメキシコ人なのに普通にエル・パソの公立学校に通い、教育を受けているという。

この地域ではそもそも、昔から国境をまたいで人々は暮らしていた。特に子どもの教育についてはテキサス州の政策もあってメキシコの子どもたちを公立学校で引き受けてきた歴史がある。学校は無償。優秀な子どもは奨学金を得てエル・パソの大学にも行ける。

検問所の所長に取材を試みた。50代後半だろうか。制服の胸には「ガルシア」の名前。「取材には応じない」と言いつつ、最近の様子を話してくれた。

「数万人が毎日ここを行き交うが、この数週間は急激に減っている。普段の朝はこの3倍だよ」

この時期、トランプ大統領はイスラム教国からの入国を制限する大統領令に署名している。また、メキシコからの「違法入国の取り締まり」も明言している。その影響だろう。

アメリカ側で学校や仕事を終えたメキシコ人は、夕方や夜になると、国境を越えて家路につく。それが国境の街の現実だ。もちろん、それだけではない。無許可の入国者も当然いる。トランプ大統領が「犯罪者」として厳しく対処するとしている人々だ。それはどういう人なのだろうか？

●「不法入国者」に話を聞く

因みに、日本語では「不法入国者」と言われるが、アメリカでは、「undocumented immigrant」（書類に記載されていない入国者）という言い方をする。

その1人、スサナ・アンヘレスさんに話をきくことができた。

9年前に国境の川「リオ・グランデ」を渡って無許可で入国した。娘を対岸に残した母親だ。民間の施設で過ごし、働きに出る。

「野菜の収穫作業が仕事です。レタス、トマト、玉ねぎ、チリ、アーモンド……。夜中の1時にここを出て午前2時に農場行きのトラックに乗り、農場で午後4時まで働きます。日曜日も、仕事が入れば農場に出ます」

疲れた顔をしている。作業は相当きつそうだ。

「きついですよ。夜は気温も下がるので、かなり重ね着しての作業。ぜんそくがきつくて。でも、1日に38ドルもらえる。それを国境の向こうに住んでいる母親と7歳の娘に送っている」

アンヘレスさんの部屋には、何の仕切りも無い。施設の端の、寝床のマットを敷いた一画が彼女のスペースだ。

「それでも助かっています。朝晩は冷えるので、施設で寝られるのは助かります」

施設の代表はカルロス・マレンテスさんという66歳の温厚な男性だった。マレンテスさんは施設内で生活する人々の世話をしている。

「仮に彼女のような労働者がいなくなったら、たぶん、アメリカの農業は成り立たない。アメリカ人がこれだけきつい労働をしますか？　絶対にしない。それで30ドルとか40ドルだと言われたら、誰もやらない」

日本では、アメリカの農業は機械化によって合理化され、それによって安価な農作物を生産しているように言われるが、実はそうではないということだ。

トランプ大統領はこうしたアメリカの農業の実態を知っているのだろうか？　ひょっとして、トランプ大統領も私たちと同じでアメリカの農業は機械化が進んでいると信じているのではないだろうか？　だから、中南米から来る人々は犯罪者であってアメリカに害を及ぼすといった主張を繰り返す。彼らの言う「犯罪者」にはアンヘレスさんも当然、入る。しかし、実際にはその「犯罪者」がアメリカの農業を支えている。トランプ大統領が語らない事実がそこにある。

●「壁ではなく橋を」

トランプ大統領が危険だと主張する国境地帯に行ってみた。テキサス州とニューメキシコ州の州境で、南側がメキシコとなる。街を出て荒れ地を砂ぼこりをたてつつ進むと、そこに建設途上の構造物があった。細い壁だ。それが国境を走っていた。高さは4メートルほどだという。鉄柱を組み合わせた造りで、人は通れないが、向こう側、つまりメキシコは見える。

この柱は、ブッシュ政権時代に建設が始まった。2001年9月11日の「同時多発テロ」を受けての対応だった。しかし現在、多くの場所で工事は中断している。

何度もこの場所を訪れているというトゥルール記者が笑いながら言った。

「これが壁の実態さ。トランプは何も知らないんだよ。あの9・11の騒ぎの後でさえ、壁は完成させることができなかったんだ」

この時、国境警備の警察官がパトロールカーで近づいてきた。警察官は車から降りることもなく、「気を付けてくれよ。時々、メキシコ人が石を投げてくるからな」と言い残し、そのまま走り去った。トランプ大統領が主張する「緊迫するメキシコ国境」とは、向こうから石が飛んでくる程度のことなのかもしれない。

トゥルール記者は、「わかるだろ、こけおどしなんだ（He is just bluffing）」と言い切った。「壁の建設というのは、国境の向こうに怖い奴らがいる。それを俺が守ってやると言いたいがためのレトリックさ」

再び街中に戻った私は、市内で白人の人々に話をきいて回った。その1人、1977年からエル・パソに住んでいるという年配の女性は、「必要なのは壁じゃない。橋よ。壁じゃなくて橋を造りなさい。これは私の言葉じゃないけど、みんなそう思っているわ。それがエル・パソなの」と言う。

地元のテキサス大学エル・パソ校の大学院で文学を学んでいるエリン・コーヘンさんはエル・パソ生まれの若い女性だ。

「壁は全く意味がないと思う。トランプ大統領も彼の支持者も、国境のことを知らないと思う。私たちはここで、メキシコ人やメキシコ系のアメリカ人と普通に生活しているのよ」

頑強な壁が完成したらどうなるのだろうか？

「ここは交流の街なのに、もし壁ができたら分断の象徴になる。そして（許可なく入国する）人の流れは地下に潜るでしょう。そうしたら、この安全な街は逆に安全じゃなくなる。それを望んでいる人がここにいるとは思えません」

就任から2年が過ぎ、今もトランプ大統領はことある毎に壁の重要性を語っている。2018年11月6日の中間選挙でも、彼が強調したのは、中南米からアメリカに向かうキャラバンの存在だった。その中には犯罪者が含まれていると、恐怖を煽っていた。私には、アメリカの移民政策を30年にわたって見続けたトゥルール記者が口にしたブラフ＝こけおどしという言葉が最も説得力の有る言葉に思える。

そしてそれは、トランプ政権の全般について共通する言葉の様に思える。そして、それははたして政策と呼べるようなものなのか。恐らく違うだろう。

補章
ロシアゲートとは何か？

トランプ政権を揺るがす事態となっているロシア疑惑。特別検察官に任命されたロバート・モラー元FBI長官は凄腕の弁護士らを率いて捜査を進め、既にトランプ陣営の元幹部らを訴追している。最初に訴追された幹部であるマイケル・フリン元国家安全保障担当特別補佐官に対しては、捜査に全面的に協力するかわりに訴因を軽いものに変更する司法手続きが取られているという。中間選挙で過半数を奪還した民主党は、捜査の成り行きを注視。その結果次第で、大統領弾劾の手続きに入ることも否定していない。

では、ロシア疑惑とは何なのか？　実は、この点について日本の報道には正確でないものが多い。この章では、これまでの経緯を追いながら、その点を明確にしたい。

第一節　就任前から疑問視されていたロシアとの関係

●国家情報長官の議会証言

2017年が始まって間もない1月5日、米上院軍事委員会で公聴会が開かれていた。トランプ政権はまだ誕生していない。その場に出席を求められたのはジェームズ・クラッパー国家情報長官。常に冷静な語り口で知られる元空軍中将は、議員の質問に冷静に応じていた。

クラッパー長官が主に質問されたのは、ロシア政府がサイバー攻撃をアメリカの大統領選挙に関してしかけた可能性についてだった。クラッパー長官の答えは明確だった。

「とても高いと言ってよいでしょう」

クラッパー長官はアメリカの情報機関のトップだ。CIA長官やFBI長官が情報を出す先でもあり、アメリカの情報機関の全ての情報を把握する立場にある。クラッパー長官は次の様にも話し、情報の信ぴょう性を強調した。

「情報を判断する上で慎重であるべきという意味での懐疑主義は必要でしょうが、これと情報を信用せずにただ単に非難することとは区別すべきです」

これがその後のトランプ政権につきまとうことになるロシア疑惑について、政権の中枢にいる人間が証言した最初の言葉だと思う。当然、クラッパー長官の発言はトランプ氏にとって好ましいものではない。それについて問われたクラッパー長官は、次の様に言った。

「私には何の問題もない」

このロシア政府のサイバー攻撃は、後のモラー特別検察官の捜査によって詳細が明らかになっている。その結果、民主党のクリントン陣営のメールが外部に漏れ、それがウィキリークスなどを通じて公にされたことなどが特定されている。このメール流失がどれだけ選挙結果に影響を与えたかは明確ではないが、少なくともクリントン陣営にとってマイナスに働いたことは間違いない。

軍事委員会の委員長を務める共和党の重鎮、ジョン・マケイン議員（後に死去）も、「他の国が我が国の選挙に影響を行使することは有ってはならない」とこの問題を更に追及していく必要性が有ると話している。

●トランプ勝利をロシア政権幹部が祝う

ワシントン・ポスト紙は翌1月6日、トランプ氏が選挙に勝利した際に、ロシア政権の幹部が勝利を祝ったと報じている。つまりロシア政府にとってトランプ政権は望ましい政権ということになる。記事によると、勝利を祝った幹部の中に今回のサイバー攻撃に関わった人物も含まれているとのことだ。

選挙時から米ロ関係の改善をうたってきたトランプだが、こうなるとその発言も素直に頷けなくなってくる。トランプ氏はロシアでビジネスをしていないとしてそうした指摘を一蹴したが、過去にロシアでビジネス展開を模索したことがある。また自身が運営権を持つミス・ユニバースの大会をモスクワで開いたことはよく知られている。ワシントン・ポスト紙が大統領選挙後にまとめた本によると、この大会に際してプーチン大統領から感謝のメッセージが寄せられていたという。

こうした中でのクラッパー長官の証言だけに、ロシア問題がトランプ政権のアキレス腱になるとの見方が更に強まる。ただ、この段階では、アキレス腱になると言っても、トランプ氏が捜査の対象になるような問題に発展すると思った人は少数だっただろう。

第二節　ロシア疑惑とロシアゲート

●ロシアゲートとは何か

日本のマスメディアは安易にロシアゲートという言葉を使っているが、これには整理が必要だ。

アメリカでは、ロシアゲートはあまり使われない用語だ。基本的にはRussian meddlingと表記されている。ロシアの関与といった意味だが、日本語としては、ロシア疑惑で良いかと思う。

ただ、ロシアゲートという言葉が使われないわけではない。「so called（いわゆる）」という枕詞をつけて使われることもある。ただし、そこには条件がつく。それは、大統領の関与を示す内容について書く場合だ。

このロシアゲートという言葉が1974年に当時のニクソン大統領が辞任に追い込まれたウォーターゲートから来ることは広く知られている。本来の「ウォーターゲート」はワシントン郊外のビルの名前でしかないが、この「ゲート」が疑惑の入口というニュアンスを持ったこと、その事件によって大統領が失脚したことから、「……ゲート」とは大統領が関わるような巨大な疑惑について語られる際のタイトルとなったものだ。だから、単にロシア政府が大統領選挙に関与した疑惑については、それは「ロシア疑惑」であって「ロシアゲート」ではない。

●ロシアゲートはいつから使われ始めたのか

では、ロシア疑惑はいつ頃からロシアゲートと見られるようになったのか？

それは大統領の側近に疑惑が及んだ以降だと言って良い。これ迄書いてきた通り、ワシントン・ポスト紙が２０１７年2月9日に、トランプ政権幹部のフリン補佐官が駐米ロシア大使と接触していたことを報じた。ロシアゲートの言葉が出てくるのはこの後のことだ。

記事は、その会話の盗聴記録にアクセスできる9人の確認を得たとしたことから、フリン補佐官をめぐる状況は一気に厳しいものになる。

政権発足前に政権移行チームを率いていたペンス副大統領らは当初、フリン補佐官からの話として、ロシア側と接触していた事実は認めつつ、「クリスマスの挨拶程度」で、オバマ政権の制裁について話したことはないとしていた。しかし、報道は、やり取りが「クリスマスの挨拶程度」ではないことを明らかにした。

それから数日経った2月13日の早朝、私は電話で起こされる経験をしている。時計を見ると朝の6時だ。ＮＨＫで記者をやっていた頃ならよく有ったことだが、ＮＨＫを辞めて以来、この時間に電話で起こされたことはない。

「オイ、フリンだが、ちょっともたないかもしれないぞ」

電話の主は本書に何度も登場している公共放送ＮＰＲのデスク氏だった。

「フリン補佐官か」

「フリンは完全に孤立している。誰も彼をかばわない。辞めざるをえないだろう」

私がYahooニュースに記事を書いていることを知っているNPRデスクが、わざわざ教えてくれたものだった。それは、彼も早朝に局に出たことを意味している。政権発足から1か月にもならないのに、側近中の側近が辞任するという異常な事態だ。礼を言って電話を切り、日本向けに記事を書く準備を始めた。

少しこのフリン補佐官の疑惑について書いておこう。

マイケル・フリン補佐官は元陸軍情報将校だ。オバマ政権時にオバマ大統領の政策に反対して辞任した過去を持ち、オバマ大統領を嫌うトランプ大統領が目を付けたとされる。選挙戦の時からのトランプ陣営の幹部である。

報道は直ぐに様々なメディアによってフォローされており、それらによると、フリン氏は政権発足前、セルゲイ・キスリヤク駐米ロシア大使（当時）と複数回、電話で話をしている。特に注目されたのは、オバマ政権がロシアに対して制裁を科す前日の電話だ。この制裁は、アメリカの大統領選挙に絡んで民主党本部などをハッキングしたとして科せられたもので、ロシアの外交官が大挙して国外退去となった他、これまで利用していた一部の施設の利用が禁止された。

当初は制裁が科されれば対抗措置をとるとしていたプーチン大統領だが、対抗措置をとらなかった。それについてトランプ大統領が「さすがだ」と賞賛している。

そこに、当時、トランプ政権への移行チームの主要メンバーだったフリン補佐官がロシア側とやり取りをしていた事実が明らかになったので、制裁について何かしらのやり取りがあったのではないかとの疑惑が浮上したわけだが、フリン補佐官はクリスマスの挨拶程度で、制裁について話していないとしてきた。また、当時、政権移行チームのトップだったペンス副大統領も、制裁について話をしていないと確認していると話していた。

それがワシントン・ポスト紙の記事によってくつがえったことになる。

同紙は、情報に接することが可能な9人の確認をとったと報じており、常にメディアの報道を批判的にツイートするトランプ大統領も沈黙せざるを得なかった。トランプ大統領は暫く経って、「9人など嘘だ。そんなものは誰一人いない」とツイートしているが、報道直後の数日は何もツイートしていない。フリン補佐官は一挙に孤立する事態となったのだ。その状況を伝えてくれる公共放送記者からの電話だったのだが、その電話から1日も経たずにフリン補佐官が辞表を出す事態となる。私が日本に記事を出した6時間後のことだった。

●問題を指摘した高官が解任されていた

2月14日、ワシントン・ポスト紙は続報を掲載している。これは極めて興味深い内容だった。当時、司法長官代行だったサリー・イエーツが、この会話記録についてホワイトハウスに対処するよう伝えていたというのだ。それも、トランプ政権発足間もない1月下旬だったという。イエーツ代行はFBIの情報を把握する立場にある。つまり、2月9日に同紙が報じた内容は既に政権内部で共有されていたということになる。

因みに、私はワシントン・ポスト紙が9人に確認した中で、最も重視したのはイエーツ氏による確認だったと思っている。勿論、イエーツ氏は一切コメントはしておらず、ワシントン・ポスト紙も情報源については明らかにしていない。

話をイエーツ氏の記事に戻す。ペンス副大統領ら政権幹部が公にフリン補佐官をかばったことから、イエーツ氏は、これは逆にロシア政府にフリン補佐官が脅迫されると判断したという。国家安全保障担当補佐官がロシア政府に脅迫されるという事態になれば、その影響は計り知れない。なぜならこの役職の人間は、安全保障のあらゆる情報にアクセスが可能だからだ。

国家の一大事だと進言したイエーツ氏。そして、どうなったか。解任されたのはフリン補佐官ではなく、イエーツ氏の方だった。理由は、イスラム教徒の入国を制限した大統領令に反対したからだったが、これで政権内にフリン補佐官の問題を指摘する存在がいなくなったことは間違いない。そして、トランプ政権がその後にこの問題に対処した痕跡はない。

ワシントン・ポスト紙は盗聴内容の詳細を書いていない。しかし、フリン補佐官と駐米ロシア大使の電話の後のプーチン大統領と当時のトランプ次期大統領の対応を見ると、次のようなやり取りがあったと推測することは可能だ。勝手な推測だが、敢えて書いておく。

「ミスター・フリン、オバマ大統領の制裁はトランプ政権でも続くのか？」

「心配いりません、大使閣下。その辺はトランプ次期大統領も考えていると思います。直ぐに制裁を解除するということは無理かもしれませんが、時期を見て解除します」

「そうか、それで安堵した。本国に伝えよう。プーチン大統領も喜ばれるだろう」

「くれぐれも、対抗措置などはとらぬようお願いします。その点は私もトランプ次期大統領に伝えます」

再度、書いておくが、これは私の推測に過ぎない。しかし仮に、こうした会話が行われていたとすれば、これは違法な行為となる。なぜならフリン補佐官はこの段階では民間人だったからだ。ローガン法違反だ。1799年に制定されたこの法律は、アメリカの民間人が政府の許可なしに外交に関与することを禁じている。違反すれば訴追され、懲役刑の対象となる。

勝手な推測を書いたが、同じことを考えた人は多い。2月15日の朝、NBCテレビのニュース番組でキャスターのマット・ロウアーが次の様に言った。

「オバマ政権がロシアに制裁すると表明した時、プーチン大統領は『対抗措置をとる』と明言した。そしてフリン氏とロシア大使との電話のやり取りがあった。そして制裁が科された。そうしたらプーチン大統領は『対抗措置をとらない』と言った。そして、当時は次期大統領だったトランプ大統領はプーチン大統領を賞賛し、『彼は素晴らしい』と。ここに、何の関連もないと思えるだろうか？」

ロウアーは、フリン補佐官のロシアとの接触をトランプ大統領が知らなかったとは思えないと指摘しているのだ。確かに、そうだとすれば、イエーツ代行が解任された流れも理解はしやすい。

ただ、この点についてはこの原稿を書いている2019年2月末現在では明確ではない。

●なぜロシアなのか

その少し後の2017年2月15日、ニューヨーク・タイムズ紙は、トランプ大統領の選挙陣営のメンバーが頻繁にロシア政府と連絡を取り合っていたと報じていた。どうやら、怪しいのはフリン補佐官だけではない……そういう情報がワシントンを駆け巡った。

マザージョーンズ誌でこの問題を追及しているラス・チョーマ記者は、次の様に解説した。

「フリンが個人的な関係で駐米ロシア大使に会ったということも無いとは言えないが、考えにくいだろう。トランプの指示だとは断言できないが、トランプ陣営の中の判断としてフリンがその役割を担ったと考えるのが自然だろう」

では、なぜロシアなのか？

「トランプ大統領はこれまで何度もビジネスで失敗しているし、正直なところ、何度も金銭的に行き詰まっている。それでも、彼はなぜか生き残っている。それは、父親の支援だったのかもしれない。しかし、仮に、だよ……」

仮に、と断った上で彼が続けた。

「仮に、そこにロシアの企業からの融資があったとしたら、どうなる？　それがプーチン大統領の息のかかった企業とか……」

ただ、この段階では、ロシア疑惑はあくまでロシア政府の問題であり、そこにトランプ陣営の幹部が見え隠れした程度だ。しかし、同時に、それはトランプ大統領の疑惑、つまりロシアゲートへと展開する序章でもあった。

それは間もなく、意外な形で急展開を見せる。

第三節　ＦＢＩ VS 大統領

●ＦＢＩ長官の議会証言

２０１７年3月20日、連邦議会下院で諜報関係委員会が開かれた。私はこの場でＦＢＩのジェームズ・コミー長官が証言をすると知って、彼の発言を注視していた。

勿論、そのやり取りは議会に行かずとも生中継で見ることができる。ＣＮＮ、ＣＮＢＣ、ＥＳＰＡＮといったケーブルＴＶのニュースチャンネルが議会の動きは逐一、生中継してくれるからだ。

その日、私はアメリカン大学大学院の研究室で、自席からテレビ画面を通じていささか緊張したコミー長官の表情を追った。普段はあまり画面を意識せずに自分の研究に没頭している他の研究員も、チラ見をしながら成り行きを見守っていた。

長官は、議員の質問に誠実そうに答えていく。かなり緊張しているのが画面を通じてもわかった。その人柄は後に出した著書『より高き忠誠』（光文社）に詳しいが、真面目で多少気弱な点が有る様だ。それが画面を通して感じられた。

コミー長官は任期10年の４年目だった。ＦＢＩ長官が任期途中で交代させられるのは稀だが過去に無いわけではなく、１９９３年にクリントン大統領が当時の長官を交代させている。トランプ大統領は、オバマ政権時代の政権幹部を更迭する考えを示しており、実際にクラッパー国家情報長官やブレナンＣＩＡ長官など情報機関のトップは交代している。

コミー長官をめぐっては、大統領選挙の直前にヒラリー・クリントン候補が国務長官時代に私的なメールを使った問題について捜査を再開すると公言し、それが選挙に影響したとしてクリントン陣営から批判され、民主党から辞任を求める声が出ていた。

そうした点も踏まえ、ひょろりと背が高くソフトな感じで気弱そうにも見えるコミー長官について、トランプ大統領は与しやすいと見たのではないか？　勿論、これも私の勝手な推測だが、『より高き忠誠』の内容から考えると、その推測はあながち外れていないかと思う。

ＦＢＩ長官にコミー氏が留任すると決まった際、私は、日本に向けたYahoo ニュースの記事で、

「言うまでもなくＦＢＩは『最強の捜査機関』として知られる。盗聴などあらゆる捜査手法が許されている。政権のトップに数々の火種を持つ人物が就いたことで、今後ＦＢＩが独立を維持できない局面も出てくるのではないかとの懸念の声も出ている」と書いた。

それが故に、ＦＢＩ長官の議会証言に注目していた。

ここでコミー長官は、かなり踏み込んだ発言をする。

「ＦＢＩはこの問題についてトランプ陣営も対象に捜査を進めている」

ＦＢＩが２０１６年の大統領選挙に関連して、トランプ大統領の側に対して捜査を開始していることを明言したのだ。ＦＢＩが、ロシア政府が選挙戦で民主党本部にハッキングをかけたとされる問題を捜査していることは周知の事実だったが、トランプ大統領の陣営が捜査の対象となっていたことはそれまで明らかになっていなかった。

寧ろ、それをさせないためのコミーＦＢＩ長官の留任……少なくとも、トランプ大統領がそう考えていたとして不思議ではない。

トランプ大統領はＣＩＡに対してはあからさまに敵対的な姿勢を示したことがあるが、ＦＢＩに対しては、極力、融和的な姿勢を示してきた。そのＦＢＩのトップが議会という偽証が許されない場だったとはいえ、自らに敵対する姿勢を公にしたのだから、大統領としては誤算の一言では片づけられない衝撃だっただろう。

●ＦＢＩとは何か

ここでＦＢＩについても簡単に触れておきたい。ＦＢＩは知っての通り、Federal Bureau of Investigation の略で連邦捜査局と訳される。司法省の傘下にあり、国家警察だ。

各州の権限が強く、警察組織が州ごとに異なるアメリカで、州をまたぐ捜査を行うために組織された。前身が財務省傘下の捜査機関だったことはあまり知られていない。

それが広域捜査の必要性から司法省傘下でＦＢＩとして再編され、徐々にその機能を強化していった。全米に捜査官を派遣している他、在外公館にも捜査官を派遣している。

ＦＢＩは９・11で大きくその役割が変わったと言われる。もともと捜査機関でありながら情報機関としての側面も持っていたＦＢＩだが、情報機関としての役割が強化されたからだ。テロ対策だ。これまで「ＣＩＡは諜報、ＦＢＩは防諜」と言われてきたＦＢＩは、現在、国内はもちろん、他国で起きたテロの捜査にも関与する。各国の米大使館に赴任し、その国の治安機関との間で情報交換、連絡役を担う。

そのＦＢＩの最大の武器は、電子的な捜査。つまり盗聴や盗撮だ。勿論、その行為に「盗む」というニュアンスは無く、あくまでも電子的監視であり電子的捜査という理解だ。前述の通り、マイケル・フリン氏とロシア大使の会話が明らかになったのもＦＢＩによる盗聴によると言われている。

ＦＢＩ本部はワシントンの中心部、ホワイトハウスの直ぐ近くにある。建物には名称がついている。エドガー・フーバー・ビルディングがそれだ。

フーバーとは、言わずとしれた初代ＦＢＩ長官だ。映画『Ｊ・エドガー』でレオナルド・ディカプリオが熱演したこの人物は、歴代大統領が最も恐れた人物と言われた。29歳でＦＢＩ長官に就任し、亡くなるまでの48年間にもわたって長官の椅子に座り続けた。その間、大統領は８人交代し、歴代大統領は彼を恐れて後任を指名できなかった。このフーバー以降、ＦＢＩ長官は終身制ではなくなり、10年の任期制となる。

話をロシア疑惑に戻す。その最強の捜査機関を指揮するＦＢＩ長官が議会で大統領周辺への捜査を明言したわけだ。トランプ大統領にとってはフーバー時代の悪夢が復活したような気分になったかもしれない。ただ、それさえも、疑惑の序章でしかなかった。

●ＦＢＩ長官の解任

コミー長官の議会証言から1か月余り経った2017年5月2日の午後、衝撃的なニュースが全米を駆け抜ける。

「ＦＢＩ長官が解任されました……詳しい情報が入り次第お知らせします」

私はワシントン郊外の自宅でテレビをつけながら原稿書きをしていた。ＮＢＣテレビの午後4時からの定時のニュースで、キャスターが突然、手渡された短い原稿を読んだのだ。緊急ニュースだ。

スタジオが急に緊迫し始めたことが感じられた。男女2人のキャスターの表情にも驚きと憂慮の色が見える。それはどのチャンネルでも同じだった。それは一言で言えば、次のようなものになるだろう。

「とうとうやってしまった」

トランプ大統領を追及しているマザージョーンズ誌のチョーマ記者に電話を入れた。

「バノン（首席戦略官、後に辞任）は解任を止めたという話もある。それでも解任したんだ。トランプはもう引き返せないところに来てしまったということだ」

テレビでは、司法担当のベテラン記者、ホワイトハウス担当の記者が次々に登場し、限られた情報を集めて発信し始めた。

それによると、FBI長官の解任は、司法省トップのセッションズ長官とナンバー2のロッド・ローゼンスタイン副長官の進言を受けたものだという。その進言を大統領は了承したと報じられた。どこまでが確認された情報でどこまでが噂なのか判然としない。そのうちホワイトハウスから声明が出た。解任の理由としては、大統領選挙の対立候補だったクリントン候補の国務長官時代の私的メールの使用に関する不適切な捜査だという……次々に入ってくる情報だが、どれも納得できるものではない。

「ホワイトハウスの声明にある解任の理由をどう思う？」

電話の向こうで同じようにテレビニュースを注視しているチョーマ記者に質問を投げた。

「そうは言うだろうが、まず信じられない。まず、ヒラリーへの捜査が問題だというなら、就任時に解任すれば良い話だ。なぜこのタイミングなのかわからない」

更に次の様に言って電話を切った。

「これで『ロシア疑惑』は『ロシアゲート』になるんじゃないか」

「つまり、大統領に疑惑が広がる？」

「今の段階では何とも言えないが、その可能性が出てきたということかと思う。先ずもって、司法妨害という疑いは出る。仮に、トランプがこの疑惑に一切関わっていなかったとしても、自身を守る目的で捜査を妨害したとなれば、それ自体が大統領の疑惑に発展する」

●長官解任の経過とその意味

その後、しばしニュースを見ていたが、続報はほとんどなかった。頭を切り替えて、論点をまとめた。実際にオバマ政権が制裁を科した時の経緯を記すと以下の様になる。

オバマ政権がロシアへの制裁を検討
←
プーチン大統領が反発、制裁に対抗措置をとると言明
←
フリン氏とロシア大使との接触
←
オバマ政権がロシアに制裁を科す

↓
プーチン大統領は対抗措置を見送り
↓
対抗措置を見送ったプーチン大統領をトランプ大統領が礼賛

驚いたことに解任の翌日に、当のトランプ大統領がＮＢＣテレビのインタビューに応じていた。このインタビューは事前に設定されていたもので、ＦＢＩ長官の解任を受けてのものではない様だった。

ただ、当然、質問の肝はＦＢＩ長官の解任だ。この中で、トランプ大統領は、コミー氏とホワイトハウスで夕食をともにしていたことを明らかにしている。そして、自分が捜査の対象になっていないと確認したことを明かしている。また、夕食はＦＢＩ長官にとどまりたいコミー氏の要請で行われたとした。

その後、この夕食が1月27日に行われたことが明らかになる。実はこの1月27日という日付に意味がある。フリン氏がロシア政府と接触していたとの前述の通報が司法省のイエーツ長官代行からホワイトハウスにもたらされた直後だからだ。

つまり、トランプ氏は司法省の報告を受けて、自らに危険が迫っていないかコミー氏に確認をしたのではないかとの疑惑が浮上したわけだ。トランプ大統領自身の説明によれば、少なくとも自分は問題がないとわかり安堵したということになる。そうなると、保身のためにディナーを要請したのはFBI長官ではなくて、大統領の方だったのではないか。少なくともコミー氏は、FBI長官は大統領と1対1で会うべきではないと話しており、ディナーについても大統領に呼ばれたもので、自身としては断りたかったと話している。

後に、当時、国家情報長官だったジェームズ・クラッパー氏も、「コミー氏は明らかに当惑していた。その様なディナーに招待されることで、FBIの独立性が損なわれるのではないかと懸念していた」と話している。

NBCテレビのインタビューでの大統領の発言は理解不能なものだった。ホワイトハウスは司法省の進言を受けて大統領が解任をしたと説明していたが、トランプ大統領はインタビューの中で、進言がなくても解任する考えだったと明かしてしまったのだ。その理由として、「彼が良い仕事をしなかったから」という極めて抽象的な発言をしている。また、「彼は目立ちたがり屋だった」と個人の人格を否定するような発言もしている。

NPRのデスクに電話を入れると次の様に話した。

「つまり、大統領の判断でコミーを解任したということだろう。それでは問題になるので司法省からの進言が有ったことにしたのだが、自らそうではないことを暴露してしまった……ちょっと考えられない」

このトランプ大統領のインタビューが放送された日にも、議会では諜報関係委員会（Intelligence Committee）が開かれていた。そこは本来、コミー氏が長官として出席する予定だったが、急きょ、アンドリュー・マケイブ長官代理（当時）が出席。その席で、マケイブ長官代理は、「私は自信を持って言えるが、ＦＢＩの圧倒的に多くの職員はコミー氏を信頼し高く評価している」と話し、トランプ大統領のコミー氏への中傷を根拠がないものと断じている。

ＦＢＩ長官を解任したことでトランプ大統領は自らを窮地に立たせることになる。アメリカの法律の権威とも言えるハーバード大学ロースクールの２人の教授は、ＦＢＩ長官の解任を理由に大統領は弾劾されるべきだとの考えを示した。

このうち、ノア・フェルドマン教授は、「トランプ大統領が捜査を逃れるためにコミー長官を解任したのであれば、それは当然、弾劾に値する」とツイート。またローレンス・トライブ教授は、「議会がトランプ大統領を捜査妨害によって弾劾する時期が来た」とワシントン・ポスト紙に寄稿している。

第四節　特別検察官ロバート・モラー

●ウォーターゲート事件の再来

「ロシアゲート」という言葉はこうした流れの中で米メディアに出てくるようになる。それは司法妨害の疑惑だ。ＦＢＩの捜査を妨害する目的でトップを解任したという疑いだ。それは、まさに１９７４年にニクソン大統領を辞任に追い込んだウォーターゲート事件に近いものを少なからぬアメリカ人が感じ始めたということだ。

因みに、ニクソン大統領は自身を捜査しているアーチボルト・コックス独立検察官を解任したことで捜査妨害の疑いがもたれ、それによって議会が弾劾に動く気配を見せた段階で辞職している。

同時に米メディアに現れた言葉が、「土曜夜の惨劇」だった。コミーＦＢＩ長官の解任は火曜日だったが、ウォーターゲートの時は週末に当時の独立検察官、司法長官らを相次いで解任し、「土曜夜の惨劇」と言われたからだ。

私が在籍していたアメリカン大学大学院のチャールズ・ルイス教授は次の様に話した。

「ＦＢＩ長官の解任によって、ロシア疑惑はロシアゲートになった。我々ウォーターゲート世代にとって、当時のニクソン大統領が自身を捜査対象としていた独立検察官を解任したことは忘れることのできない記憶だ。多くの人に、トランプ大統領とニクソン氏が重なって見え始めている」

ＦＢＩ長官の解任というトランプ大統領の決定を、本人のコミー長官は出張先で知る。『より高き忠誠』によると、コミー長官はＦＢＩの仕事を白人以外の様々な人種の人に知ってもらうためのセミナーに出席していたという。その場で流れたニュースで自身の解任を知ったというのだ。

私が見ていたと同じテレビのニュースである。最初は冗談だと思ったというからその驚きぶりがわかる。長官としての日程をこなす権限を失ったために、急きょ出張を切り上げ長官専用機に乗り込むコミー氏の姿が全米で伝えられた。

ルイス教授は言った。

「ニクソンがそうしたようにトランプも事件をもみ消そうとしていると思われても仕方ない」

トランプ大統領側は、今回の措置は民主党のヒラリー候補に対する電子メール事件の捜査に問題が有ったからだとしているが、それを鵜呑みにする人はいない。

ＮＢＣテレビに出たＦＢＩの元捜査官は、「少なくとも、ＦＢＩの中では、トランプ大統領の陣営が捜査対象となっているロシア政府による選挙への関与が理由だと受け止められている」と話した。

ルイス教授は次の様に話した。

「この大統領はどこまで信用できるのか、多くのアメリカ人が不安に思っている。それが今回のＦＢＩ長官の解任劇で更に強まったのは間違いない。大統領が直ぐに失脚するということはないだろうが、中間選挙（２０１８年）の結果に大きく作用するだろうと思う。その時、議会の状況次第では弾劾手続きも可能になる。そうなると、ニクソン大統領と同じ状況に追い込まれるかもしれない」

２０１８年の中間選挙では、まさにルイス教授の指摘通りの状況が生まれている。

トランプ大統領は「解任の理由は彼が良い仕事をしなかったからだ」とした。ところが、ニューヨーク・タイムズ紙は、解任されたコミー氏が、ロシアとトランプ大統領の選挙陣営との関係について更に情報の入手を司法省に求めていたとも報じている。この解任がロシア疑惑の捜査潰し、つまり司法妨害だったという見方は強まっている。

ワシントン・ポスト紙は、トランプ大統領は最近の議会でのコミー長官の発言などに神経をとがらせていたと報じた。特にロシア関連の捜査についての発言に不満を持っていたということで、解任の3日前にペンス副大統領やバノン主席戦略官ら一部の側近を招集して解任する考えを伝えたという。その際に、司法省からの進言を得たという形をとることを決めたという。

●ロバート・モラー特別検察官の登場

FBI長官を解任することでロシア疑惑の捜査を止めようとしたトランプ大統領。しかし、事態はトランプ大統領の予期せぬ方向へ進む。

特別検察官の設置だ。

2017年5月、司法省は、一連のロシアゲートを捜査する特別検察官にコミー前長官の前にFBI長官を務めたロバート・モラー氏を任命。捜査の全権を委ねるとした。

任命は司法省のローゼンスタイン副長官によって行われ、既にホワイトハウスに通知されているという。ローゼンスタイン副長官はコミーFBI長官を解任するよう進言をした人物とされた人物だ。この説明にローゼンスタイン副長官が極めて強い不快感を示したことが伝えられている。

当然だろう。ローゼンスタイン副長官はハーバード大学ロースクール時代に「ハーバード・ロー・レビュー」誌の編集長を務めるなどもしており、司法権の独立に極めて強い意識を持っていることで知られる。その人物に濡れ衣を着せたわけだから、その不快感たるや相当のものだったと思う。

実際、ワシントン・ポスト紙で長年司法を担当しているロバート・バーンズ記者は次の様に話した。

「ローゼンスタイン副長官が示した不快感は相当だったと語る司法省の人間は多い。辞表を出すんじゃないかと考える人もいたという。しかし恐らく、ローゼンスタイン副長官は、今こそ、自分の様な厳格な司法官が必要だと考えたのだろう」

そのローゼンスタイン副長官が出した答えが、特別検察官の設置だった。

任命されたモラー氏は72歳（２０１７年5月当時）。9・11事件の直前にブッシュ大統領によってＦＢＩ長官に任命され、オバマ政権の途中まで任期を2年延長して12年間にわたってＦＢＩ長官を務めた。モラー氏はブッシュ政権時代に、情報機関が令状なしに盗聴をすることを認めようとするブッシュ大統領に対し、進退をかけて抗議しあらためさせている。その際、モラー氏と行動をともにしたのが当時、司法省の副長官だったコミーＦＢＩ前長官だった。

私はこの報をアメリカン大学の研究室で、壁にかけられたテレビのCNN報道で知り、直ぐにチャールズ・ルイス教授の部屋に入った。ルイス教授はパソコン画面の速報で知ったらしく、少し興奮した表情で次の様に話した。

「トランプは墓穴を掘った形だ。コミーを解任したことで、コミーよりも手強いモラーを捜査官にしてしまった」

議会は、ウォーターゲート事件の時の様な独立検察官を求めていた。モラー特別検察官の権限はウォーターゲート事件の時の独立検察官ほど強くないとの指摘も出ていた。これについてウォーターゲート事件当時を若手記者として知るルイス教授に尋ねてみた。

「司法省が設置した特別検察官は、議会に直接報告を出すのではなく、司法省のトップに捜査結果を提出して、その先の判断は司法省のトップに委ねることになる。セッションズ司法長官が判断するということになるのだろうが、彼は捜査に携われないので、ナンバー2のローゼンスタイン副長官が判断することになるだろう。そうであれば、ローゼンスタイン副長官が自ら任命したモラー氏の捜査結果を黙殺するとは考えにくい。そういう意味では、独立検察官と実質的には同じ機能を持つと見て良いのではないか」

そして付け加えた。

「前進だと思う」

少し説明を加えておきたい。ＦＢＩ長官の解任をローゼンスタイン副長官と連名でトランプ大統領に進言したとされるジェフ・セッションズ司法長官は、この時点でロシア疑惑の捜査に一切関与しないことを宣言していた。これは、自身もロシア大使と接触していたことが司法長官就任後に明らかになったためで、「recuse」という正式な手続きだということだった。

セッションズ氏もローゼンスタイン氏もともにトランプ大統領の政治任用でポストに就いたわけだが、元アラバマ州選出の上院議員はトランプ大統領の盟友である一方、ローゼンスタイン氏は生粋の司法官であり、トランプ大統領のためというよりもアメリカのために仕事をしているという意識が強い。

実は、モラー特別検察官の設置にも、セッションズ長官は一切関与していなかった。それ故に、トランプ大統領がその事実を知ったのは、特別検察官の設置が発表される僅か30分前だったと報じられている。

モラー特別検察官の就任についてトランプ大統領は、「これは魔女狩りだ」と、これまた大統領とも思えないコメントを発しているが、その時から、ローゼンスタイン副長官に加え、セッションズ長官への不信感を強め、どちらかを解雇するのではないかと囁かれ始める。そして中間選挙翌日の2018年11月6日にセッションズ長官を解任する。

●「一度でも信頼を失えば、それを取り戻すことは難しい」

モラー特別検察官は、就任に際しても会見を開いておらず、以後、この原稿を書いている2019年2月の段階でも一切のメディアの取材に応じていない。唯一、裁判所に出された文書によってメディアはモラー特別検察官の考えを知ることができる。

しかし一度だけ、特別検察官への就任が決まった後に生の言葉が報じられたことがある。孫娘の高校の卒業式に来賓として招かれた時のものだった。

それは司法省によって特別検察官への任命が発表された直後の2017年5月28日のことで、本人は勿論、招いた高校もこうした事態を予測していたわけではない。FBI長官だった祖父を誇らしく思う孫娘のたっての願いで高校の要請を受けたということで、この来賓の挨拶に全米が注目した。

この中で、モラー氏は、「正直でなければ、他の何に秀でていても意味はない」と生徒たちに語り始めた。

「君たちは賢いかもしれないし、積極的にいろいろなことに取り組むかもしれないし、物事を理路整然と語れるかもしれないし、説得力も有るかもしれない。しかし、君たちが正直でなければ、人々の信頼を得ることはできないだろう。そして、一度でも信頼を失えば、それを取り戻すのは難しい」（筆者訳）

そして次の様に挨拶を締めくくった。

「昔から言われるように、誠実であることは何にも勝るし、逆に何事も誠実さ無しには達せられない」（筆者訳）

これはトランプ大統領へのメッセージではないかと、多くの人が思った。その多くの人の中には恐らくトランプ大統領も含まれていただろう。

このモラー特別検察官の捜査の最大の焦点が、ロシア疑惑一般にはなく、トランプ大統領の疑惑、つまりロシアゲートとなるのは、任命の経緯から必然だと言える。つまり司法妨害だ。FBI長官はなぜ解任されたのか？　解任の理由には、トランプ大統領による捜査妨害、司法妨害の意図が有ったのではないか？

その疑いを強めるメモの存在が間もなく、ニューヨーク・タイムズ紙によって報じられる。

報道によると、駐米ロシア大使との不適切な接触が明らかになったマイケル・フリン氏が国家安全保障担当補佐官を辞任した翌日に、トランプ大統領がＦＢＩ長官だったコミー氏に次のようなことを言ったという。

「I hope you can let this go（この問題をそのまま見逃して欲しい）」

「He is a good guy（フリンはいい奴だ）」

メモを見たＦＢＩ幹部は、大統領からロシア関連の捜査の中止を求められたものと理解したという。

このメモについては後にコミー氏本人が議会でその経緯を語っている。それによると、コミー氏はロシア疑惑の捜査について直接問い合わせてくるトランプ大統領に強い懸念を覚えたという。

「この大統領は司法の独立について理解が無いのではないか」

そう思ったと述べている。そしてセッションズ司法長官に、「大統領が私と話をしたいと言った時は、必ず間に入って欲しい。それがあなたの役目だ」と伝えたことも明らかにしている。ところがセッションズ長官は何もしなかったという。このため、コミー氏は大統領とのやり取りの後、可能な限りメモを作成し、それを限られたＦＢＩ幹部との間で共有していたということだ。

では、なぜ、そのメモの存在が報じられたのか？　これは、コミー氏が知人のコロンビア大学教授に、「信頼できるジャーナリストを通じて発表して欲しい」と頼んだ結果だった。

こうした中、各社は大統領弾劾の手続きについて記事を掲載し始めている。まさに、ロシア疑惑はロシアゲートになってきたと言える。

メモの存在が報じられた後、上院の重鎮、マケイン議員は「ウォーターゲート事件に似てきた」と発言。日曜の政治討論番組の司会を務め政界に太い人脈を持つＮＢＣテレビのチャック・トッド政治部長は17日、「共和党も以前と比べて弾劾手続きに前向きになっている」と話し、状況が変わりつつあるとの認識を示した。

●大統領の弾劾

ここで弾劾について説明しておく。

憲法では、大統領を弾劾によって解任するには、「背任、収賄やその他の大罪、非行」の確証が必要となる。この「大罪や非行」を定義するのは下院で、トランプ大統領に向けられている司法妨害の疑いはこれに該当するとされる。仮に下院で弾劾勧告がなされると、上院で弾劾裁判が開かれ訴追の可否を決めることになる。

ただし、弾劾手続きに入るための勧告をするには、下院の過半数の合意が必要となる。下院は議席が435人。トランプ政権発足時は、共和党が238議席を占め、弾劾を求める可能性が有る民主党が193議席、空席が4となっていて、弾劾の手続きに入るのは困難だというのが大方の見立てだった。繰り返しになるが2018年11月の中間選挙で状況が変わることになる。

モラー特別検察官の捜査はその後、静かに、しかし、かなり広範囲に捜査を行っていると見られる。「見られる」と書くのは、前述の通り特別検察官から一切の発表が無いからだ。ただ、捜査がトランプ大統領の周辺にも広がっていることをうかがわせる報道も目立ち始める。

2017年5月26日のワシントン・ポスト紙の報道はその1つだ。それによると、トランプ大統領の娘婿でホワイトハウスの上級顧問であるジャレッド・クシュナー氏が、トランプ政権が発足する前に、ロシア政府に対して裏の秘密交渉ルートを作ろうと提案したという。

記事では、クシュナー氏はトランプ大統領の当選が決まった後の2016年12月1日か2日に、ニューヨークのトランプ・タワーでセルゲイ・キスリヤク駐米ロシア大使と会ったという。その際、裏交渉のための秘密の交渉ルートの設置を持ち掛けたとしている。アメリカ国内のロシア大使館の専用回線を使うことも提案していたそうだ。結局、ロシア政府の判断で実現はしていないと見られる。

ワシントン・ポスト紙はこの情報を２０１６年の12月から匿名の手紙として入手して取材をしていたそうだ。そして、ロシア大使館から本国に打電する通信などの分析情報に接する複数の米政府関係者から確認できたために報じたという。

実はこの記事で最も興味深いのはこの部分だ。「匿名の手紙」がワシントン・ポスト紙だけに来たとは考えにくい。当然、特別検察官にも何かしらの形で届くだろう。そうすると、クシュナー氏も当然、捜査の対象となる。クシュナー氏も捜査の対象となっていることはほぼ間違いないと見られている。

その後、モラー特別検察官はロシア政府による大統領選挙への関与については関わっていた人物や組織を特定して次々に訴追。現在も後に列挙するようにトランプ大統領の周辺の人物を訴追して更に捜査を進めている。

●大詰めを迎えているトランプ大統領への捜査

２０１８年になると、トランプ大統領本人への捜査が大詰めを迎えているという観測が出始める。ＣＮＮは3月20日、特別検察官チームとトランプ大統領の弁護団との間で、大統領本人の事情聴取について具体的なやり取りが始まっていると報じている。

報道によると、2018年3月11日の週に、特別検察官事務所がトランプ大統領の弁護団に対して、具体的な質問事項などを伝えたという。それによると、FBI長官の解任についての大統領の判断の他、この判断にジェフ・セッションズ司法長官がどのように関わったのかについても大統領に問いただすことにしているという。

また、特別検察官は、フリン氏が駐米ロシア大使だったセルゲイ・キスリヤク氏と電話で複数回話していたことについても大統領に問いただすことにしているという。因みに、この電話のやりとりは、大統領選挙が終わった後の2016年12月に2度にわたって行われており、オバマ政権が科した対ロシア制裁について話し合われたことをフリン氏が認めている。

加えて、特別検察官は、大統領選挙時にトランプ・タワーで行われたトランプ陣営とロシア当局との密会についても問いただすことにしているという。この密会の場にはトランプ大統領は出席していなかったが、義理の息子のクシュナー氏らが参加していた。これについて報じられた際に、どのような説明をするかという会議がもたれており、そこにトランプ大統領が参加していたことが既に報じられている。特別検察官はその会議でのやり取りについても問いただしたいと弁護団に伝えたとのことである。

これについてはボブウッドワード記者の『ＦＥＡＲ』が、弁護団と特別検察官とのやり取りを詳述している。それによると、トランプ大統領の弁護団長を務めていたジョン・ダウドは、トランプ大統領と想定質疑を行った結果、取り調べに応じると捜査機関に対する虚偽の証言で訴追される恐れが有るとして事情聴取に応じないよう求めたという。しかしトランプ大統領はダウドの忠告に真剣に耳を貸そうとはしなかったそうだ。ダウドは弁護を続けるのは自らにとっても危険だとして辞任している。

この時期、私は既に帰国していたが、米メディアの報道をチェックしつつ、アメリカン大学時代の同僚やジャーナリストらと意見交換を頻繁に繰り返していた。

当時、やはり注目していたのはモラー特別検察官の状況だ。

それはアメリカの多くの研究者、ジャーナリストも共有している思いの様だ。アメリカン大学のチャールズ・ルイス教授は次の様に話した。

「モラー特別検察官は、極めて有能で弁護士を続けていれば億単位の収入が得られる元連邦検察官を捜査チームに入れている。その時に彼が口説き文句として使ったのが『歴史を作ろう』だったと言われている。つまり金より名誉だ、ということだ。このアメリカの再生のためにその力を使おうということだ。中でも代表的な人物が、ジェームズ・カールズ３世だ。40年前にニクソン大統領を捜査した凄腕の検察官だ。それだけに、トランプ陣営の弁護士としてはできれば、トランプ大統領の聴取は避けたいところだろう。しかし、情勢がそれを許さなくなってきていることは間違いない」

マザージョーンズ誌のラス・チョーマ記者は、ワシントンＤＣの自宅近くのレストランに行った時にそのレストランの従業員から次の様な話を聞いたという。

「夕食時に、ふらりとモラー氏が夫婦でお店に入ってきたんです。すると、レストラン中の客が総立ちで拍手。気を使って誰一人、夫婦に話しかけなかったが、その店の客全員がモラー氏の仕事に敬意を表していました」

「モラー氏が私の家の近くに住んでいるのは知っていたけど、是非、その場にいて見たかったよ」

――いたら、君は話しかけるか？

「否、それはしないだろう。それは失礼だし、話しかけても、彼は話はしないだろうから」

●焦点はタックスリターン

捜査の焦点として全米のジャーナリストが注目しているのがタックスリターン（Tax Return）と

呼ばれる税務書類だ。歴代大統領は自らの税務書類を自主的に開示しているが、トランプ大統領は頑なに拒否している。当選後初の記者会見でもその質問が出ているが、「私の税務書類に関心が有るのは記者だけだ」と言い放っている。その後、開示を求める声が大きくなると、「今は会計監査を受けているので開示できない」と弁明したが、どうやら会計監査の事実は無いようだ。

なぜトランプ大統領が税務書類の開示を頑なに拒むのか。マザージョーンズ誌のチョーマ記者は次の様に話す。

「この書類が開示されると、トランプがどこからどのような融資を受けているのか、本当に彼がビジネスで成功してきたのかが全てわかる。それはロシア疑惑と絡んでトランプ大統領にとって極めて不都合なものとなるだろう」

実際に、過去にロシア系の金融機関から融資を受けていることをトランプ大統領の次男のエリック氏が取材に応じて明らかにしている。これはトランプ氏が大統領になる前の話でエリック氏はこの時の発言を現在は否定している。否定はしているが、その否定を素直に受け取るジャーナリストはいない。ニューヨーク・タイムズ紙など米メディアはこの時のエリック氏の発言に再三言及している。

メディア各社の関心は、モラー特別検察官がトランプ大統領の税務書類を入手しているかという点に向いている。例えばCNNは、「モラー氏の捜査に、IRS（米内国歳入庁）は協力していると言われている。しかし税務書類の提出が行われたかについては、情報は確認できていない」と度々報じている。

IRSとは日本の国税庁的な組織だ。日本の国税庁が財務省の外局であるのと同じで、IRSも米財務省の傘下にある。日本と異なるのは、日本では法務検察当局と国税庁とが極めて密接にやり取りをしているが、アメリカはそうはなっていない。それ故、トランプ大統領の税務書類が特別検察官の手に渡っているのか、確たることはわからない。ただ、最近は、捜査の範囲が広くトランプ大統領のビジネスにも広がっているという見方が広がっており、「既にモラー特別検察官は税務書類を入手していると思う」と語るジャーナリストも出てきている。

●司法長官の解任

着々と進む捜査だが、当然、この捜査の影響はトランプ大統領の支持率に影響している。

ワシントン・ポスト紙が8月31日に発表した世論調査では、トランプ大統領の不支持率が60％に達した。これはワシントン・ポスト紙とABCテレビが共同で行ったもので、支持率は36％だった。

この調査では、トランプ大統領も捜査の対象となっているロシア疑惑についても質問している。その結果は、トランプ大統領の容疑の核心であるＦＢＩ長官の解任について、53％が司法妨害の疑いが有るとしており、そう考えないと答えた35％を大幅に上回っている。

こうした状況にトランプ大統領が危機感を募らせていることは間違いない。中間選挙の結果、議会下院で民主党が過半数を制したことが判明した２０１８年11月6日、トランプ大統領はついに逆襲に出る。

ジェフ・セッションズ司法長官の解任だ。ロシア疑惑への捜査に一切関与しないことを宣言してしまった司法長官に不満を募らせていたトランプ大統領。米メディアでは、モラー特別検察官の解任やモラー氏を特別検察官に任命したロッド・ローゼンスタイン司法副長官の解任も取り沙汰されていた。恐らく弁護団との協議の上での決定だろうが、セッションズ長官の解任はトランプ大統領にすれば最も賢い選択だろう。

モラー特別検察官やローゼンスタイン副長官の解任となれば、それ自体が司法妨害の疑いをかけられかねない。捜査に関わっているからだ。しかしセッションズ長官は自ら捜査に関与しないことを宣言しており、解任の理由を他に求めることも可能だ。そして、重要なのは、新たに任命される司法長官は、モラー特別検察官の捜査結果を判断する立場に立てる。つまり、ここにトランプ大統領の腹心を置けば、どのような捜査結果が出ようとも、その結果を葬り去ることは、理論上は可能だ。その懸念は現実のものとなりつつある。

●モラー検察官による捜査と起訴

司法長官が解任された日、私は中間選挙の取材でワシントンDCにいた。夕暮れ時のホワイトハウス前で抗議集会が開かれるというので行ってみた。

そこにはかなり多くの人が既に集まっていて、壇上のマイクの前で人々が次々にトランプ大統領を批判する言葉を発していた。そのうちの1人の言葉に、まさにその通りだと感じた。

「我々はジェフ・セッションズの司法長官としての判断のどれ1つにも賛同していない……たった1つを除いて。その1つとは、彼がロシア疑惑の捜査に関与しなかったことだ」

参加者からは、トランプ大統領が次にモラー特別検察官を解任するのではないかという懸念の声が聞かれた。

「モラーを守れ」

「大統領も法律の上に存在していない」

そうした声が、沸き起こっていた。

ホワイトハウスの前はさほど広い広場ではない。しかし人の波が押し寄せているといった感じだった。

そして2018年12月4日、モラー特別検察官は連邦裁判所で、元国家安全保障担当補佐官のマイケル・フリン氏の罪となる事実について説明。ロシア疑惑の捜査に於いて「重要な協力」を行っており実刑判決を回避したいと伝えた。

モラー特別補佐官が裁判所に提出した書面によると、フリン氏は19回にわたって聴取に応じ、特に初期段階での協力が捜査のロードマップ作りに寄与し、他の関係者が捜査に協力する環境を整えたという。

また、フリン氏は「ロシア政府とトランプ政権移行チームの複数の個人との間の関わりを含む幅広い事柄について」協力しているとも書かれている。それは、当初言われていたより広く且つ深いものだという。

書面には次の様に書かれている。

「彼の初期の協力は特に価値が高い。と言うのは、彼は捜査の対象となっている事象や問題について最も長く且つ身近に関わっていた人物の1人だからだ」

判決は当初、2018年12月のうちに言い渡される予定だった。しかし、裁判所は、判決の言い渡しを延期する。報道によると、裁判所が、フリン氏の実刑を回避するには協力の度合が十分ではないと判断したという。つまり、トランプ大統領にとって良い方向に行っているとは、とても言える状況ではないのだ。

これまでにモラー特別検察官が訴追した人物を挙げておく（2019年1月末現在）。2017年5月のモラー特別検察官チームの立ち上げ以降、以下の6人のアメリカ人と13人のロシア人、12人のロシア情報機関員、3つのロシア企業などを次々に訴追している。
・マイケル・コーヘン：トランプ大統領の元顧問弁護士にして側近
・ポール・マナフォート：元トランプ陣営の選挙対策本部長
・コンスタンチン・キリンミニク：マナフォートの右腕的なロシア人
・サム・パターン：共和党のロビイスト。無登録でのロビー活動。親ロシアのウクライナ勢力のために活動
・ロジャー・ストーン：ロビイストでトランプ大統領の私的顧問
・リック・ゲイツ：マナフォートのビジネスパートナーでトランプ陣営を支援

・ジョージ・パパドポロス：トランプ選挙対策本部のアドバイザー
・マイケル・フリン
・13人のロシア人とロシア企業3社
・リチャード・ピネド：カリフォルニアのオンラインペイメント会社を運営
・アレックス・バン・ダー・ズワン：マナフォートとゲイツのオランダ人弁護人
・12人のロシア情報機関の諜報員

第五節　大統領と利益相反

●ある不動産取引

２０１７年3月22日、マザージョーンズ誌がニューヨークの不動産のある取引について記事にした。

その記事によると、２０１７年2月21日、中国系アメリカ人の女性実業家がニューヨークのトランプ・パーク・アベニューの1室4LDKを購入。現金で2180万ドルを売主のトランプ大統領の企業グループに支払ったという。

購入したのは、アンジェラ・チェン氏。アメリカ企業に中国でビジネスを行う際の支援などを行う会社の代表を務めている。記事によると、チェン氏が購入した部屋はトランプ大統領の企業グループが出している売り出し物件のリストには記載されていなかったそうだ。

また、チェン氏が中国芸術基金会のアメリカの責任者を務めていることもわかった。この団体は、表向きは中国とアメリカとの文化芸術交流を目的としているものの、中国人民解放軍の対外工作機関とつながりが指摘されているという。

取材班が中国芸術基金会にチェン氏の不動産取得について問い合わせた後、この団体のウェブサイトがネット上から削除されたという。この一連の取引について、トランプ大統領の企業グループの側もチェン氏の側も取材に応じていない。

記事の中で、オバマ政権で大統領の倫理問題に関するチェックを行ってきたノーム・エイセン弁護士は、チェン氏、中国芸術基金会、中国の情報機関の関係を考えると、一連の不動産取引は深刻な疑問を呈するとしている。そして、こうした疑問は本来、「大統領の職にある人間が問われるべきものではない」と話している。

確かに、売り出し物件のリストに記載されていない不動産を、なぜチェン氏は購入できたのか不思議だ。なぜ現金での支払いだったのか。これだけの規模の不動産取引で現金というのは極めて珍しい。本当の買主は他にいるのか。様々な疑問が出てくる。

取材をしたラス・チョーマ記者は、「この大統領は様々な点で利益相反が疑われる。この不動産取引もその1つだ。トランプ大統領は問題無いと言うだろうが、こうした取引に絡んで大統領の権限を不正に行使しないと明確にすることができるのか？　今のところ、この大統領はそうした努力をしていない」

ロシア疑惑に揺れるトランプ政権だが、その疑惑よりも先に問題になったのはこの利益相反だ。

●当選後最初の会見でも焦点となった利益相反

利益相反とは、大統領が自らの利益のために本来とるべき対応を怠ったり、また、本来とるべきではない対応をとることを指す。

2017年1月8日にトランプ氏が当選後初の記者会見を開いた際、最も力を入れて説明したのは、自身に利益相反は無いという点だった。

まず、自らが企業グループの経営から手を引き、経営を息子のトランプJrとエリックに託すことを決めたと発表。そのために必要な膨大な資料を記者の前に並べて見せて、「私は経営に関する相談にはのらない。のっても問題はないのだが、それはやらない」と言った。

その上で、弁護士を登壇させている。ここで弁護士が強調したのは、利益相反はそもそも大統領に対しては法的な問題が生じないということと、その一方で、それでも人々の不信感を持たれない為の措置をとったというものだった。

驚かされたのは、弁護士の説明が終わった後のトランプ氏の発言だ。ここでトランプ氏は1つのエピソードを紹介した。つい最近もアラブ首長国連邦の知人から多額のビジネスを持ち掛けられたというものだった。それを自分は断ったと高らかに語ったわけだが、それはつまり、そういう話が今後も付きまとうということを意味している。一言で言って、「甘い」と感じた。

まさに会見自体が、今後のトランプ政権の先行きの不透明さを象徴するような内容だったのだが、残念ながらそうした実態は日本には伝えられていない。それが本書のテーマでもあるのだが、私がトランプ大統領（この時は次期大統領）についてワシントンから発信しなければいけないと感じた最初が、この記者会見についての報道だったことは既に述べている。

●娘婿にも利益相反

利益相反は大統領だけではない。この会見翌日の2017年1月9日、トランプ米次期大統領の政権移行チームは、トランプ氏の娘婿のジャレッド・クシュナー氏のホワイトハウス入りを発表。

弱冠35歳という若さのクシュナー氏は既に政権移行チームで主要な役割を担っており、その動向が注目されてきた。ユダヤ教徒のクシュナー氏は中東政策に強い関心を持っていることが知られている。この段階ではポスト名は明らかにされていなかったが、後にホワイトハウス上級顧問というポストに就く。トランプ大統領の初の外遊をサウジアラビアに決めたのもクシュナー氏だと指摘されており、その後にホワイトハウス入りが発表される妻でトランプ氏の娘のイヴァンカ氏とともに、トランプ政権で重要な役割を担う。

ところで、このクシュナー氏についても利益相反の疑いが指摘されている。クシュナー氏の一族は、ニューヨークやニュージャージーで不動産業を営んでいるが、その資金を中国など外国の投資会社に頼っていることが再三指摘されている。クシュナー氏の弁護士はホワイトハウス入りに際して経営している会社を辞するので問題無いとしている。しかし後に、クシュナー氏の会社が中国で投資セミナーを開いた際、クシュナー氏の存在やホワイトハウスとの関係が強調され問題になっている。

簡単に触れておきたい。

それは、クシュナー氏の一族が経営する会社が新たに開発する不動産事業に絡んで中国で投資を呼び掛けた際、ホワイトハウスで要職につくクシュナー氏の存在が宣伝に使われたというものだ。

また、アメリカでは50万ドル以上の投資をした外国人に優先的に入国ビザが与えられる制度があるが、会場で、この制度が無くなる可能性が有るとして、制度のあるうちに投資をするよう呼びかけが行われたという。こうした情報をホワイトハウスで要職に就くクシュナー氏の存在を示しながら出されれば、中国の富裕層の投資欲を掻き立てるのに役立つことは間違いないだろう。

更に、会場にはトランプ大統領の写真も展示され、あたかもトランプ政権が投資を支援しているかのような誤った印象を与える内容になっていたという。これがアメリカで報道されると会社は事実関係を認めて謝罪した。

クシュナー氏の上級顧問への登用については反縁故法に抵触するという指摘も有る。

アメリカでは1967年に制定された反縁故法によって公職に就いた者が親族をその監督下にある公職に就けることを禁じている。これはケネディ大統領が実弟のロバート・ケネディーを司法長官につけたことが厳しく批判されて制定された法律だ。これについては、ホワイトハウスのスタッフはこの反縁故法の対象とはならないという解釈で現在のところ、押し通している。

話をトランプ大統領の利益相反に戻そう。

●トランプのホテルと利益相反

ホワイトハウスの目と鼻の先、就任式でトランプ氏がパレードしたペンシルバニア通りに面した一角には、石造りの大きな建物がある。そのヨーロッパの要塞を思わせる建物には、金色の文字で「Trump International Hotel（トランプ・インターナショナル・ホテル）」と書かれている。トランプ氏が大統領選中の2016年9月に開業させた高級ホテルだ。

古めかしい建物の中に入ると、一変する。吹き抜けの大きなホールが広がっており、天窓から外光が燦々と降り注いでいる。壁一面に巨大な星条旗が掲げられているところが、トランプらしい。

ホールのところどころには鉄製のアーチが設けられており、そこには巨大なシャンデリアがいくつも輝いている。「豪華絢爛」といった表現が似合う。シャンデリアは各部屋にも備えられており、その数は全部で630個になるという。

この建物はもともと「Old Post Office」と呼ばれる郵便局だった。建物を所有するのは今もアメリカ政府である。このため、外観を含め、建物の根源的な部分は改築できない。もっとも、このホテルは、その古い建物をうまく使って高級感を演出している。

地下にあるのは「イヴァンカ・スパ」。イヴァンカ・トランプが経営しているスパだ。現職大統領が大統領選中に首都ワシントンの中心部にホテルを開業し、そこに娘の経営するビジネスも絡んでいる。違和感を覚えざるを得ない。

このホテルとトランプ氏との関係はどうなっているのか？　それを調べようと、最初に入手したのは候補者時代のトランプ氏が提出した資産についての資料である。米政府に公開請求すると開示されるものだ。

A4版の紙で104枚。びっしりと細かい字が書き込まれている。表紙にはトランプ氏の署名。彼が事実関係に間違いないことを認めた資料ということだ。

この資料の中に、トランプ氏の企業グループについて書かれた記録があった。それによると、トランプ氏のグループは全部で532社。その中にはホテルの運営会社もある。「OPO HOTEL MANAGER LLC」がそれだ。

さらに資料を読み進めると、この運営会社の経営権を持つのは「OPO HOTEL MANAGER MEMBER CORP」だとわかる。ところがこの会社が所有するホテル運営会社の株式は1％に過ぎない。ほかの株式は「Trump Family Members」が22・5％を持ち、残りの77・5％を「DJT Holding」が所有する。

ただ、この「OPO HOTEL MANAER MEMBER CORP」の株主を調べると、トランプ氏個人が100％所有していることがわかる。

トランプ大統領は前述の当選後初の記者会見で、一切のビジネスは息子に委ねており利益相反はあたらないと主張している。しかし、一方で、株式の譲渡などには応じていないとされる。

そうなると、この株主構成は変わっていないと考えられる。極めてわかりにくいスキームでは有るが、素直に読めば、最終的にはホテルの経営権はトランプ大統領個人が持っている可能性が有る。現職大統領がホワイトハウスの目と鼻の先に高級ホテルを経営する事態をどう考えれば良いのか。

企業の国際間取引に詳しく、日本に加えてニューヨークとワシントンDCでの弁護士資格も持つ山中眞人弁護士は、「利益相反の疑いがもたれても不思議ではない」と話す。

●多額の借り入れ

その104枚の資料の中には「Liabilities（ライアビリティー）」と書かれたものもあった。借入金のことである。その中にもホテルに関する記述があった。

「Trump Old Post Office-loan」と書かれた項目に、ドイツ銀行からの融資が記されている。金額の欄は「5000万ドル（約65億円）以上」。2014年に借り入れが行われ、24年にその借り入れは満期を迎えると書かれている。仮にトランプ氏が大統領を2期（24年まで）務めれば、任期中に満期を迎えることになる。ちなみに、トランプ氏はドイツ銀行からほかにも少なくとも3件の融資を受けている。

「5000万ドル以上」。それが巨額なのは理解できるが、実態はこの資料だけではわからない。今度は融資の詳しい内容を調べるため、ホテルの登記簿を調べてみることにした。それは自治体であるワシントンDC政府にあった。

入手した登記簿などの資料の中には、ドイツ銀行からの融資に関する合意書も含まれていた。

そこには「5000万ドル以上」の詳しい数字も書かれていた。

「One Hundred Seventy Million and 00/100 Dollars」。ということは、ドイツ銀行からの融資は1億7000万ドル。日本円にして約190億円だった。

この巨額融資の担保はというと、融資合意書によれば、ホテルの経営権。トランプ氏の企業グループは今後60年間にわたってこのホテルを経営するというが、その間、仮にグループが支払い不能になった場合は、ドイツ銀行がその権利を手に入れるという。

山中弁護士は、「大統領がこうした国際的な金融機関からこれだけ多額の融資を受けているケースは珍しいのではないか」と指摘する。そして、「利益相反が懸念されるのは間違いないでしょう」と語った。

山中弁護士がさらに説明する。

「第三者の利益を図るのもまた利益相反です。その意味で、トランプ氏がドイツ銀行にとって有利になる施策を実行せざるを得ないような状況下にいるのだとすれば、利益相反の恐れが高いと言えます」

トランプ氏も利益相反があれば問題となることは承知している。当選後初めて行われた記者会見で身の潔白を強調したことは既に述べた通りだ。

しかし、この説明は十分とは言えない様だ。前述のとおり、普段の企業運営は息子に任せようが、経営権はあくまでトランプ氏に残っている。トランプ氏が、グループの株を保持し続けているからだ。

冒頭紹介したマザージョーンズ誌も、このホテルに注目している様だ。取材班の中心にいるラス・チョーマ記者とアンディー・クロール記者に、このホテルについて問うてみた。

チョーマ記者は、ドイツ銀行の融資は特に問題が有ると見ている。

「歴代の大統領で、これだけ借金をしている大統領はいない。しかも借りている先が多くの問題を抱えているドイツ銀行というのも問題だ。現在、司法省にはドイツ銀行を捜査している案件もある。仮に、その捜査に手心が加われば、『利益相反』が極めて濃厚になる」

クロール記者は、このホテルの持つもう1つの問題を指摘した。今、さまざまな利益誘導グループがホテルを利用しているというのだ。

「このホテルは大統領にとって、誰もチェックできない事実上の政治資金管理団体と言っていい。誰かが大がかりなパーティーを開くと言い、（ホテル側＝トランプ氏側へ）多額の支払いをしたら、それを誰もチェックできない」

クロール記者は各国大使館がホテルでパーティーを開催しているとも指摘する。

「ある国の外交官は、『このホテルを使わねば、大統領の機嫌を損ねるかもしれない』と話した。

つまり、すでに事実上、大統領に対する利益供与の疑いがある」

後に、サウジアラビア政府がかなりの頻度でこのホテルを利用し多額の資金が支払われていたと、ワシントン・ポスト紙などが報じている。

外国政府がこのホテルを利用することについては、連邦政府の職員が外国の首脳からの金品の受け取りを禁じた憲法に抵触する怖れがあるとの指摘もある。

これについてトランプ氏の顧問弁護士は会見で、外国政府から得た利益については全て国庫に返納するので問題はないとした。

しかし、ラス記者はこの回答は無回答に近いという。

「利益をどう算出するかなど不明確な点が多い。今もって納得できる説明はない」

●「冬のホワイトハウス」にも利益相反の指摘

トランプ大統領お気に入りのマール・ア・ラーゴについても利益相反の問題が指摘されたことがある。安倍総理夫妻が宿泊したトランプ大統領の別荘だ。

このマール・ア・ラーゴは、トランプ大統領のグループ企業が経営するリゾート施設だ。フロリダ半島の海に面した高級リゾート地20エーカーに、高級レストラン、テニスコート、プール、スパなどを備え、世界の一流エンターテイナーを招いてのショーなども行われているという。トランプ大統領とメラニア夫人との結婚披露宴もここで行われている。

この施設を大統領は特に、「冬のホワイトハウス」と呼んで多用している。秋から冬にかけては週末の多くの時間を過ごしている。そのための移動費が高額になると指摘されたこともある。マール・ア・ラーゴをトランプ大統領が公務の場として使うことには、当初から疑問の声が出ていた。それは、仮に外国の首脳を宿泊させて支払いを得た場合、大統領が外国の首脳から利益提供を受けるという、法律で禁止されている事態に当たることになってしまうからだ。

もう1つ、それとは異なる別の問題も浮上している。安倍総理ら各国首脳をこのマール・ア・ラーゴに招くことで、この施設の価値が高まり、それがトランプ大統領の企業グループの利益となっている可能性が指摘されているのだ。

CNBCテレビによると、このリゾート施設の入会金が２０１７年に入って倍に跳ね上がったという。値上がりはトランプ大統領の当選を受けて決まったもので、それまで10万ドル、日本円にして１１００万円余りだったものが、２０１７年1月1日からは倍の20万ドル、２２００万円になったということだ。

ＣＮＢＣの報道を受けてニューヨーク・タイムズ紙は、この問題について識者に取材。識者は、大統領の利益相反を禁じた規定に違反する可能性が高く、許容されないと指摘している。

ロシア疑惑については日本のマスメディアも報じるようになっているが、この利益相反の問題について報じられるケースは少ない。

前章で触れたロシア疑惑にせよ、ロシアゲートにせよ、その問題の核心的な部分は、実は利益相反なのではないかと見るジャーナリストは多い。この問題に最も精力的に取り組んでいるマザージョーンズ誌のラス・チョーマ記者は次の様に話す。

「トランプは実はあまりビジネスで成功していない。倒産は6回を数える。しかし、その度に巨額の融資を得て復活している。では、どこから融資を受けているのか？　その昔、ロシアの銀行がバックについていると息子のエリックが話している。それは事実なのか？　事実であれば、ロシアが如何にアメリカやその同盟国にとって危険であろうとも、ロシアの利益を守る行動に出るトランプの行動は合理性が有る……少なくともトランプ本人にとっては。しかしその合理性は、大統領としては失格だ。完全な利益相反だからだ」

利益相反とロシア疑惑は密接に結びついているという。チョーマ記者は最近、アメリカの民主主義に疑問が持たれ始めていると感じている。

「国務省の人間と話していて言われたのだが、国務省に途上国の民主主義育成を支援するプログラムがあって、政府の不正防止などを教えるのだそうだ。ところが、最近、教わる側が、『トランプ』と言って笑うらしい。国務省のアドバイザーもやりにくいと言っている。『そんな偉そうなことを言っても、トランプはやりたい放題じゃないか』という感じなのだろう」

特別検察官による捜査が進むロシア疑惑がどうなるのかは、チョーマ記者もまだ情報は無いという。ただ、何れにせよはっきりしているのは、疑惑が存在するということだと話した。

「特別検察官の捜査も、下院の調査もどうなるかはわからない。それでも、我々はこの大統領を追及していく。その結果、ひょっとしたら、疑惑は疑惑で終わり、立証されないかもしれない。しかし、追及を止めることはできない。少なくとも疑惑は存在するし、トランプはそれに向き合っていない。彼は世界で最も力を持っている人間なのだ。疑惑が放置されることは許されない」

おわりに

トランプ大統領の異様さを際立たせていることの1つに、メディアとの対決姿勢が有るかと思う。

トランプ大統領は「フェイクニュースを流すメディアは私の敵ではない。アメリカ国民の敵だ」とツイートした。これについて一般的に、トランプ大統領は「メディアはアメリカ国民の敵だ」と語ったように受け取られており、トランプ大統領は、それこそがメディアのフェイクニュースだと反発している。ただ、トランプ大統領は、「フェイクニュースを流すメディア」について、明らかに自分にとって都合の悪い報道を行うメディアという認識を示しており、そういう意味では、「メディアはアメリカ国民の敵だ」と言っているのに等しい。

また、記者会見での傍若無人振りも既に世界に広く知れ渡っている。質問を続けるＣＮＮのホワイトハウス担当、マイク・コスタ記者を指さして、「お前は無礼だ」と言って批判。報道官はインターンの若い女性にマイクを取り上げるよう指示している。その上でこの記者のホワイトハウス入館証の効力を無効にする措置もとっている。その後に裁判所が効力無効の取り消しを命じたことが世界中で報じられたこともあって広く知られることになった一連の出来事だ。

　このコスタ記者については、当選後初の記者会見でも、「お前はフェイクニュース・メディアだ」と怒りをぶつけられている。この時は、ＣＮＮの別の記者が報じた内容についてＣＮＮの官邸キャップ的な存在であるコスタ記者がとばっちりを受けたという状況だが、何れにしても民主主義国家の国のリーダーとしてはふさわしくない対応だというのが多くの人の印象だろう。


　一方で、私は、こうしたトランプ大統領の異常さが顕在化するアメリカの社会を羨ましく思う。例えば、私は手元に一枚の紙を持っている。それは、安倍総理が訪米時に行った会見について書かれた官邸の紙だ。

　そこには、質問１から質問５まで書かれていて、質問の言葉と、質問する記者の名前が書かれている。まずＮＨＫの記者が日ロ関係について質問、続いてロイター通信の記者がアベノミクスについて質問、さらに続いて共同通信の記者が内閣改造について質問、そして４番目に米公共放送ＮＰＲの記者が普天間基地の移設問題について質問、最後がテレビ朝日の記者で国連改革について質問、となっている。

　そして日本人記者との質疑は書かれた通りに行われている。ただし、ロイターの記者とＮＰＲ

の記者が予定に無かった質問をしたため、質疑が意味不明なものになってしまう。

NPRの記者は最初、「普天間飛行場移設問題について、現状では日本政府と沖縄県との対立があるが、日本政府と沖縄県のどちらが責任をもって対処する問題なのか。妥協策を含む、政府の今後の対応は？」と質問している。これは私が持っている紙の通りだ。そして安倍総理は準備していたであろう答弁をよどみなく答えている。

ところが、NPRの記者が続けざまに、（辺野古）移転後に環境汚染が起こらないと保証できるのかと畳みかけた。この質問に、安倍総理は明確な返答が出来ず、その後、テレビ朝日の記者の質問は行われずに会見は中止となった。

なぜこうしたことが起きたのか。総理会見が一種の茶番だからだ。総理に質問する記者も質問する内容も予め調整されていて、安倍総理は事務方が準備した答弁を読めば良い。これが日本のリーダーの記者会見だ。ここでは、リーダーが異様なふるまいを行う余地は無い。

仮に、トランプ大統領が日本の総理と同じ形式で記者会見をこなせば、トランプ大統領の異様さが際立つことはない。トランプ大統領がCNN記者に「無礼だ」と言わなければいけないような質問は、そもそも会見の場で出ないからだ。

皆さんはどう思うだろうか？　実は、異様に見えるトランプ大統領とその記者会見の方が、実はまともだと言えるのではないか。

結局、トランプ大統領下のアメリカを見ることは、逆に日本の異様さを知ることだった。特に、私が25年間にわたって過ごした日本のマスメディアの状況は、権力との距離ということで考えても好ましいものではない。日本のマスメディアは欧米、少なくともアメリカのジャーナリズムから学ぶ点が多い。

例えば、調査報道という報道の手法がある。これは、政府や政党、捜査当局などが発表する内容を逸早くつかんで報じるのではなく、取材者が事実を掘り下げて表に出ない問題を世に問う作業だ。アメリカでは、これこそがメディアの役割だと認識されている。

２０１７年4月、アメリカの高校で、学生新聞が調査報道で自校の校長の学歴詐称を暴いている。カンザス州にあるピッツバーグ高校の学生新聞「ブースター・ルダックス紙」だ。新たに校長として赴任したエイミー・ロバートソン氏について取材し、学歴に私立コーリンズ大学で修士号と博士号を取得と記していたので、その学歴を調べたという。その結果、この大学が、教育機関として機能しておらず卒業資格を買うことが可能だということがわかった。高校生の取材班はロバートソン氏に取材結果を示してコメントを要求。その直後、ロバートソン氏が地元の教育委員会に辞表を提出したという。

アメリカでは、高校生でさえ、ジャーナリズムが本来担うべき仕事を理解し、実践しているということだ。日本のジャーナリストは、素直にこの事実に衝撃を受けた方が良い。そしてどうあるべきかをもう少し真剣に考えた方が良い。

本書の内容は、これまで私がメディアに書いてきた内容から再度人々に知ってもらいたい事実を書き直してまとめたものだ。これらのメディアはＮＨＫを辞めて失業状態で渡米した私に書く機会を与えてくれた。雑誌の「サンデー毎日」、ネットメディアの Yahoo Japan と Forbes Japan だ。第二章は、大月書店の『フェイクと憎悪』に書かせて頂いた内容を土台に、修正、加筆するなどしている。それぞれの編集者の方にこの場を借りて感謝したい。

また、実名で取材に協力してくれたアメリカのジャーナリストや研究者にも感謝したい。Charles Lewis of American University, Robert Burns of The Washington Post, David Corn and Russ Choma of The Mother Jones and Armando Trull of WAMU.

最後に、かもがわ出版の松竹伸幸氏に感謝しなければならない。政治的な立場より事実を重視する姿勢を明確に打ち出したジャーナリストの先輩として、是非ともけい咳に接したいと考えて私からアプローチさせて頂いた。しかし、話を持ち込んでから脱稿までに1年かかってしまった。この場を借りてお詫びと謝意を伝えたい。

最後の最後になるが、本書が出た段階、また出た後のトランプ大統領の状況は予測がしにくい。本書で詳述した部分をモラー特別検察官が捜査で明らかにし、それを新たに任命された司法長官が適切に議会に公表すれば、トランプ大統領は任期を全うすることなくその地位を去ることになるだろう。しかし、それを判断する十分な材料は、本書を書いている2019年2月現在では明らかになっていない。

ただ、どのようなことが起きても、大事なことがある。それは根拠の薄弱な情報に惑わされないことだ。様々な情報が飛び交う。それを新聞、テレビで目にするだろう。その時、その情報の根拠を確認して欲しい。そして、そのニュースの根拠が、「日米関係筋」や「軍事関係筋」などとなっている場合は、自分の判断の中から除外して欲しい。それらは信じるべき情報とは言えないからだ。

立岩陽一郎（たていわ・よういちろう）

調査報道を専門とする認定NPO運営「ニュースのタネ」編集長。アメリカン大学（米ワシントンDC）フェロー。1991年一橋大学卒業。NHKでテヘラン特派員、社会部記者、国際報道局デスクとして主に調査報道に従事。「パナマ文書」取材に中心的に関わった後にNHKを退職。単著に『NPOメディアが切り開くジャーナリズム』『トランプ王国の素顔』、共著に『ファクトチェックとは何か』『フェイクと憎悪』。

トランプ報道のフェイクとファクト

2019年3月25日　第1刷発行

ⓒ著者　立岩陽一郎
発行者　竹村正治
発行所　株式会社　かもがわ出版
〒602-8119　京都市上京区堀川通出水西入
TEL 075-432-2868 FAX 075-432-2869
振替　01010-5-12436
ホームページ　http://www.kamogawa.co.jp
印刷所　シナノ書籍印刷株式会社

ISBN978-4-7803-1012-2　C0031